Baden – 1000 Jahre europäische Geschichte und Kultur

Badisches Wappen auf der Rückseite des Tafelbildes des Markgrafen Bernhard II. von Baden (s. S. 54)

BADEN

1000 Jahre europäische Geschichte und Kultur

mit 30 Farbbildern
100 Schwarz-Weiß-Aufnahmen und
einer Gesamtdarstellung der Landesgeschichte
von Helmut Bender

Geleitwort
Justizminister Dr. Traugott Bender

Verlag Friedr. Stadler
Konstanz

Wir sind Herrn Dr. Wolf Stadler zu besonderem Dank verpflichtet. Seine Ratschläge und tatkräftige Unterstützung waren uns sehr wertvoll.
Wir danken auch Herrn Dr. Walter Mangold für seine Bemühungen bei den Vorüberlegungen des Buches und Herrn Oberarchivrat Dr. Helmut Maurer, Leiter des Stadtarchivs Konstanz, für seine stete Hilfsbereitschaft.
Herrn Baudirektor Hans-Jürgen Schulz von der Bad. Markgräfl. Verwaltung in Salem danken wir für seine große Hilfe bei den Fotoarbeiten im Neuen Schloß in Baden-Baden und Herrn Oberstleutnant Siegfried Fiedler, Leiter des Wehrgeschichtlichen Museums in Rastatt, für die Erlaubnis, Aufnahmen aus seinen Beständen machen zu können.

Badisches Landesmuseum Karlsruhe 39, 40; Bildverlag Freiburg 42, 69, 105; Albrecht Brugger 22, 23, 34, 35; dpa 123; Heinz Finke 121, 124; Foto-Gärtner 71; Leif Geiges 24, 52, 68 links, 70 unten, 112 oben, 122, 125; Robert Häusser 33, 36, 38, 49, 51, 59, 72, 73, 74/75, 87, 88, 90/91, 92, 94, 97, 103, 126, 127; Fred Hugel 59 oben; Theo Keller 45; Titus Keller 28, 29; Joachim Kinkelin 83; Peter Klaes/Kinkelin 27; Landesbildstelle Baden, Karlsruhe 82; Landesbildstelle Württemberg, Stuttgart 50 oben; Siegfried Lauterwasser 60, 104; Erica Loos 70 oben; Fritz Pahlke/Kinkelin 30; B. Rast 58; Frenand Rausser 57; Alfons Rettich 46; Toni Schneiders 17, 18/19, 20, 21, 31, 37, 43, 44, 53, 54, 55, 56, 61, 62, 63, 64, 65, 66, 68 rechts, 76, 78, 79, 80, 81, 84, 85, 86, 89, 93, 95, 96, 98, 99, 102, 106, 108, 109, 110, 111, 112 unten, 113, 114, 116, 117, 119, 120; Stadt Pforzheim 50 unten; Stutte/Kinkelin 32; Franz Thorbecke 128; Verlagsarchiv 48, 67, 70 oben, 77, 100, 101, 107; Otto Ziegler/Kinkelin 25, 26; Oluf Zierl 115, 118

Reproduktionen: Reprographia, Lahr
Herstellung: Druckhaus Ernst Kaufmann, Lahr

ISBN 3-7977-0025-3

Inhalt

Zum Geleit

Es war am 25. April 1952, als man in Stuttgart zur Bildung der ersten Regierung des neuen Bundeslandes im deutschen Südwesten schritt – bis zur Stunde übrigens der einzigen Neugründung im Bereich der Bundesrepublik Deutschland. War es eine geglückte Verbindung? Ist aus der Vernunftehe der Badener mit den Württembergern Zuneigung erwachsen?

Nach dem Zusammenbruch des Jahres 1945, nach der Trennung durch Besatzungsrecht, hatte sich noch einmal ein starkes badisches Bewußtsein, eine bewußte Anhänglichkeit an die verloren gegangene badische Staatlichkeit entwickelt. Im Norden wie im Süden des alten Landes sang man mit Begeisterung das Badnerlied

Das schönste Land in Deutschlands Gauen,
Das ist mein Badner Land.
Es ist so herrlich anzuschauen
Und ruht in Gottes Hand.
Drum grüß ich Dich mein Badner Land . . .

Und viele stimmten dieses Lied – gleichsam trotzig – an, als die Bestrebungen zum Zusammenschluß Badens und Württembergs deutlich wurden und politische Konturen annahmen. Es war wie ein Protest des Gefühls gegen die vielleicht allzu robust und stürmisch empfundene Umarmung der „Südweststaatler".

Inzwischen haben sich Badener und Württemberger arrangiert. Mehr noch: Sie haben mit Verwunderung festgestellt, daß ihre Identität, ihre jeweiligen Eigentümlichkeiten, nicht verloren gingen, sondern im Verband des neuen Landes eine rücksichts- und zugleich wirkungsvolle Bestätigung erfahren haben. Auch wenn man es sich gegenseitig nicht oder nur verschämt zugibt: Man ist dabei, ein wenig stolz aufeinander zu werden, die Vorzüge und Eigenarten von Land und Leuten diesseits und jenseits der alten badisch-württembergischen Grenze zu preisen und zu genießen. Es ist nicht nur die Gewöhnung, die alte Wunden heilt. Ich meine, es sei so etwas wie eine spröde Liebe zueinander gewachsen. Und kaum jemand hierzulande vermag sich noch ernsthaft vorzustellen, daß die Badner und die Württemberger je wieder auseinander gehen könnten.

So war es möglich, daß bereits Mitte der Sechziger Jahre dem Schwaben Kurt Georg Kiesinger die Ehrenmitgliedschaft eines Gesangvereins im Mittelbadischen, dem Kernland der „Altbadener", angetragen wurde. Der Ministerpräsident habe, so wird berichtet, damals spontan und gerührt geäußert, nunmehr habe er die Gewißheit, daß Badener und Württemberger endgültig zueinander gefunden hätten. Und so stört sich denn heute auch kein Württemberger daran, wenn im festesfreudigen Badischen Land aus feierlichem Anlaß hier und da gelb-rot-gelbe Fahnen erscheinen, denn er weiß, es ist keine Demonstration gegen Württemberg. In der Tat, hier wird ein Stück Beharrung sichtbar, ein klein wenig Wehmut und Sehnsucht nach der „guten alten Zeit" und in den Augen des tüchtig-verständnisvollen schwäbischen Landsmannes vielleicht auch ein bißchen Sparsamkeit, die es nicht zuläßt, das gut erhaltene gelb-rot-gelbe Fahnentuch vorzeitig gegen ein neues, kostspieliges Gelb-Schwarz auszutauschen.

Es ist gut und verdienstvoll, daß der Verlag im Zeichen des baden-württembergischen Silberjubiläums es unternimmt, badisches Land und badische Geschichte in Wort und Bild zu porträtieren. Kein Land kommt ohne seine Geschichte aus. Wir alle leben aus unserer Geschichte. Aber nur wer seine Geschichte, die Geschichte seiner Heimat, kennt und begreift, sich zu ihr bekennt, gewinnt Kraft und Maßstab und Basis, Gegenwart und Zukunft verantwortlich, und das heißt in der Kontinuität zu gestalten. Die Besinnung auf unsere badische Geschichte, die in besonderer Weise eine Geschichte der Integration war, und der Blick auf die Entwicklung und die Eigenart des schönen Landes „vom See bis an des Maines Strand“ wollen nicht trennen, sondern integrieren. Möge dieses Werk dazu beitragen, daß unser Baden-Württemberg, diese kraftvolle Verbindung badischer und württembergischer Möglichkeiten, sich als „Modell deutscher Möglichkeiten“ (Theodor Heuss) erweise, ja darüber hinaus immer stärker zur belebten und geliebten Wirklichkeit werde.

Traugott Bender

Probleme einer Gesamtdarstellung

„Das Land Baden..." – sagt der Historiker Hans Herzfeld in den „Vorbemerkungen" zu seinem 1948[1] erschienenen Bändchen „Das Land Baden – Grundlagen und Geschichte" – „ist eine geschichtlich junge Schöpfung, die erst in den Jahren 1803–1810 durch die umstürzende Energie Napoleons I. unter der Dynastie der früheren Markgrafen von Baden zusammengefaßt wurde." Und er fährt fort: „Es ist in den anderthalb Jahrhunderten seines Bestehens bald überschwenglich als Musterland gepriesen, bald wegen seiner Vereinigung sehr verschiedenartiger Landschaften und der Verbindung zweier in ihrem Charakter sich wesentlich unterscheidender deutscher Volksstämme, Franken im Norden, Alemannen im Süden, als die künstlichste und schwächste der...südwestdeutschen Staatsbildungen kritisiert worden."

Unkritischer und damit ausschließlich positiv hatten es freilich die Historiker innerhalb der 150jährigen badischen Geschichtsära gesehen, so etwa L. Jung in seiner „Badischen Geschichte für Schule und Haus"[2]: „Wir Bewohner des schönen badischen Landes erfreuen uns gerade jetzt einer gesegneten Zeit. Deutschland ist groß und mächtig und in unserem engeren Vaterlande herrscht vom Taubergrund bis zum Bodensee fröhliches Gedeihen... Fürst und Volk arbeiten gemeinsam in schönster Eintracht an der Mehrung des Wohlstandes, an der Hebung der geistigen Jnteressen... So umschlingt alle Stände ein geistiges Band... Mit wonnigen Schauern zieht es ihn [den Deutschen, den Badener] zum tiefen Tannendunkel des Schwarzwaldes, an die lachenden Gestade des Bodensees, zu den Rebhügeln des Kaiserstuhles, an den Neckar und den Rhein...".

Nicht ganz so leicht machte es sich Friedrich von Weech – der badische Historiker schlechthin –, wenn wir in seinem „Vorwort" zur „Badischen Geschichte"[3] u. a. lesen: „Nur das wiederholte Andringen des Herrn Verlegers hat mich zu dem Entschlusse vermocht, eine Badische Geschichte zu schreiben... Die Badische Geschichte, welche ich hiermit der Öffentlichkeit übergebe, ist indes keine Geschichte aller der Gebietsteile, welche seit dem Beginne des neunzehnten Jahrhunderts das Großherzogtum Baden bilden."

Von solchen generellen Überlegungen wenige Jahre vor der Jahrhundertwende nun wieder in die Gegenwart oder doch immerhin in die Zeit nach der „Transponierung und Integrierung" des Staates Baden ins neue Bundesland Baden-Württemberg: „Eine Geschichte des badischen Landes, die sich nicht mehr wie die letzte größere Darstellung F. v. Weechs vor über 70 Jahren auf die politische, wesentlich dynastisch bestimmte Entwicklung am badischen Oberrhein beschränkt, sondern zum ersten Male den Versuch unternimmt, in breiter umfassender Darstellung das Land und seine Bewohner in ihren politischen, sozialen, wirtschaftlichen, künstlerischen und geistigen Daseinsformen zu schildern..." heißt es im Umschlagtext der „Geschichte Badens" von Berthold Sütterlin, von der allerdings nur Band I[4] vorliegt. Ihr Verfasser selbst räumt von Weech im Vorwort Verdienste ein, meint jedoch zurecht: „Es ist heute nicht mehr angängig... eine vorwiegend dynastisch-politische Landesgeschichte zu schreiben. Eine solche hat vielmehr vom Land und seinen Bewohnern auszugehen..." – hierzu muß unsrerseits noch mehr betont werden, daß es im Fall einer Geschichte von Baden nicht nur Allgemeingründe der fortgeschrittenen Forschung sind, sondern vorab die Tatsache, daß man zu sehr in den Verdacht käme, das Land Baden zu einem abermaligen Staat Baden wiedererwecken zu wollen, wenn man eine Geschichte im Sinn von Weechs bzw. damalig gültiger historisch-positivistischer Grundgesetze und Grundwerte abfassen wollte. Und nochmals Sütterlin im Hinblick auf eine derzeitige „Darstellung einer Badischen Geschichte auf breiter Grundlage... Freilich, die Schwierigkeiten einer solchen Gesamtschau sind beträchtlich" (S. hatte seinem Erstaunen Ausdruck gegeben, „daß seit F. v. Weech niemand mehr den Versuch machte..."). „Darum kann eine Geschichte Badens nicht darauf verzichten, gewisse Schwerpunkte zu bilden...Darin liegt naturgemäß ein subjektives Element...", gesteht ihr Verfasser dann freimütig ein. – Ganz ähnliche Überlegungen haben auch zu Anfang der Niederschrift der nachfolgenden Ausführungen gestanden, indes ergab sich eine Realisierung eines solchen Abrisses einerseits aus der wenn auch räumlich zunächst verteilten, ja zersprenkelten Chronologie des Ganzen und andrerseits aus dem Bestreben, das Vorgetragene mit zahlreichen Zitaten und Auflockerungen zu beleben, ohne deshalb zu sehr ins Anekdotische oder Allgemeinhistorische zu verfallen. Selbstverständlich waren hierfür in der Regel die maßgeblichen Texte und Meinungen der Schriftsteller bzw. Geschichtskundigen vor dem Anschluß oder besser Zusammenschluß anno 1952 auszuwählen; jede Polemik, auch etwa jene alemannischen, oberrheinischen und südwestdeutschen Theorien wurden mit ganz wenig Ausnahmen vermieden. Kommt hinzu, daß Sütterlin allein dem Band, der Urzeit bis einschließlich Spätmittelalter umfaßt, den stattlichen Umfang von nahezu 500 Seiten zur Verfügung stellte. So gesehen, haben wir es dort mit einem (leider nach wie vor unvollständigen) doch relativ breiten und ausführlichen Geschichts-

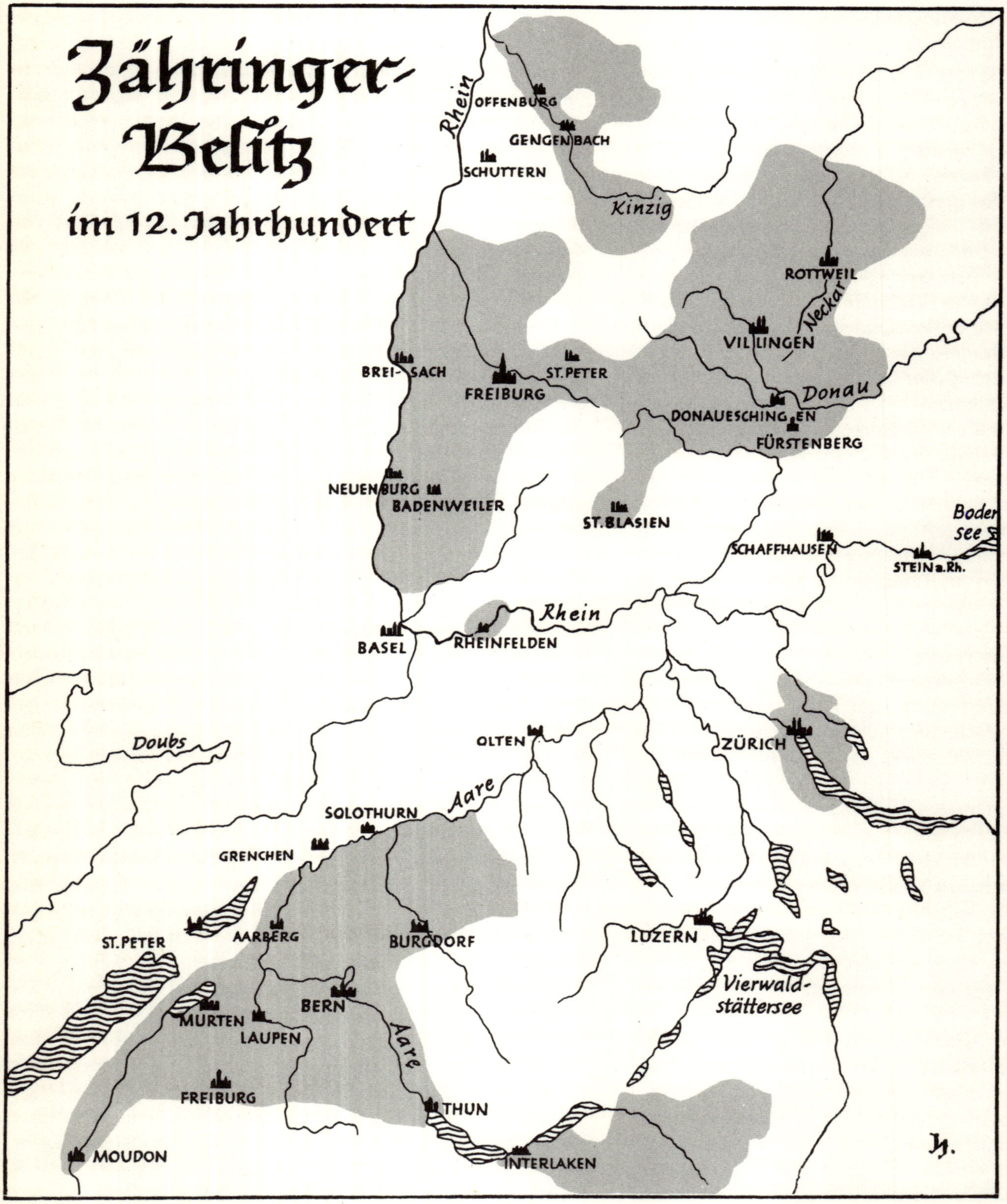
Zähringer-Besitz
im 12. Jahrhundert
Rhein
OFFENBURG
GENGENBACH
SCHUTTERN
Kinzig
ROTTWEIL
Neckar
VILLINGEN
BREISACH
FREIBURG
ST. PETER
Donau
DONAUESCHINGEN
FÜRSTENBERG
NEUENBURG
BADENWEILER
ST. BLASIEN
Boden see
SCHAFFHAUSEN
STEIN a. Rh.
BASEL
RHEINFELDEN
Rhein
Doubs
OLTEN
ZÜRICH
Aare
SOLOTHURN
GRENCHEN
ST. PETER
AARBERG
BURGDORF
LUZERN
Vierwaldstättersee
MURTEN
LAUPEN
BERN
Aare
FREIBURG
THUN
MOUDON
INTERLAKEN
H.

und Kulturgeschichtswerk in Handbuchcharakter zu tun, hier aber wollen wir auf bewußt und bescheiden begrenztem Raum eine entsprechende Gesamtdarstellung vorweg für den interessierten Laien und aufgeschlossenen Badenfreund geben. Daß wir dabei vor allem – im von Sütterlin behandelten Zeitraum – die Zähringer und die Markgrafschaften in den Mittelpunkt rückten, erklärt sich von selbst. Es ergab sich ferner auch, daß wir trotz Einhaltung des chronologischen Ablaufs der Dinge da und dort zurück- und vorblenden mußten, daher wir auch nicht nach Art der Hand- und Schulbücher die einzelnen ohnehin sehr ineinander übergehenden Geschehnisse in allzuviele Abschnitte mit doch stets unbefriedigenden Überschriften versahen: die Ereignisse waren und sind für uns zu sehr im Fluß, als daß wir sie im mannigfaltigen geschichtlichen Geschehen, zumal wir das Kulturgeschichtliche mithinein nahmen, künstlich aufgliedern und damit isolieren konnten. Was Sütterlin am Ende seines einleitenden Abschnittes „Blick auf badisches Land" sagt: „Geprägt durch Herkunft, Geschichte und Landschaft birgt so badisches Volkstum eine Fülle geistiger und seelischer Möglichkeiten, die dem geschichtlichen Schicksal des oberrheinischen Raumes seinen besonderen Charakter gegeben hat", muß freilich anerkannt werden, doch soll unsrerseits auch nicht zu sehr mit dergleichen Begriffen operiert werden – die Quintessenz unserer Ausführungen überlassen wir vielmehr dem jeweiligen Leser und Benutzer, den wir weder bevormunden noch dirigieren möchten; die Tatsachen und die gebrachten Zitierungen sprechen für sich, und Abstraktionen scheinen uns in vielem ein heißes Eisen. Das Knappe dominiert, ohne daß es zur Verarmung kommen muß, und wer sich weiter und detaillierter orientieren möchte, dem sind keine Grenzen gesetzt (vgl. auch die beigegebene Auswahl-Bibliographie).

Es gibt – in diese Zusammenhänge gestellt – dann noch etwas, worüber wir gleich zu Anfang unsere „Grenzen" aufzeigen müssen. Vom Sütterlinschen Werk heißt es zurecht: „... wobei der Blick des Verfassers nicht an engen territorialen und lokalen Horizonten haften bleibt, sondern immer wieder die Geschichte des badischen Landes als Teil der Reichsgeschichte begreifen läßt" (Umschlagtext). Nun ist es auch für und in unserer Darstellung nötig, das meiste Geschehen nicht willkürlich aus seinem größeren Ganzen und seinen vielfältigen Verflechtungen zu lösen, indes können wir uns so wenig „Ausfälle" ins Nachbarliche oder gar in die gesamtdeutsche Geschichte erlauben, wie wir über Allgemeinerscheinungen und -ereignisse (Herzogtum oder Markgrafenwürde, Renaissance oder Reformation, Aufklärung oder Kulturkampf und vieles andere) grundsätzlich berichten, geschweige denn Definitionen abgeben können. So wenig wir unsern badischen Raum künstlich isolieren und damit kleinkarieren wollten, so wenig sollte unser Text einer „hintergründigen" Darstellung und Aufzeigung überregionaler Geschehnisse und immerhin mehr oder weniger bekannter Allgemeinplätze dienen. Und Persönliches scheidet hierbei von vornherein aus. So sehr man mit Land und Leuten, mit Geschichte und Gegenwart vertraut sein muß, so sehr soll hier das Subjektive gemieden werden. „Vielleicht könnte man mir den Vorwurf machen, ich hätte zuviel aus der persönlichen Erinnerung berichtet..." plaudert Arnold Schulz in seinem Vorwort zum „Baden"-Bildband[5], und er fragt sich selbst: „Doch was will man eigentlich?" Zugegeben, er wollte einige Erinnerungen (als gebürtiger Badener) bringen und auffrischen und darüber hinaus das beiläufig Aufgezählte individualisieren. Solches liegt uns aber fern und findet hier nicht statt, wenngleich wir der Versöhnung halber noch seinen letzten Satz anfügen möchten: „Doch ändern, das lassen sich die Badener nicht. Und so möge es auch bleiben."

Auf die Entwicklung und Existenz des badischen Staates im engeren Sinn beschränkt sich bewußt Karl S. Bader[6]: „Die Beurteilung des badischen Staatswesens schwankt... Eine Wellenbewegung läßt sich dabei nicht verkennen. Während im ersten Jahrzehnt des Bestehens des neuen Großherzogtums die Widerstände, ausgehend vor allem von den betroffenen Mediatisierten und Säkularisierten, sehr stark waren, ebben sie in den folgenden Jahrzehnten, nach dem Wiener Kongreß, rasch ab. Das badische Beamtentum verstand es, die Zweckmäßigkeit der neuen Regierung und Verwaltung hervorzuheben; das badische Fürstenhaus, von wenigen Vertretern absolutistischer Staatsideen abgesehen ein liberales, auf Vermittlung bedachtes Herrschergeschlecht, wußte eine günstige Grundstimmung zu schaffen... Unter der zurückhaltenden und im besten Sinne milden Regierung der Großherzöge Friedrich I. und II. gelang es Baden, die gegen seine staatliche Existenz gerichtete Stimmungen zu beschwichtigen und auch die badische Republik von 1918/19 übernahm die Bejahung der staatlichen Selbständigkeit. Erst die Jahre nach 1933, die dem ‚Lande' Baden die Staatseigenschaft nahmen, förderten die alte gegnerische Haltung nach einer die Napoleonidenstaaten zerstörenden Reichsreform..". Entschieden negativer hatte es der Geograph Friedrich Metz[7] gesehen – und es wäre unfair, einer solchen Meinung nicht auch ein kurzes Zitat einzurücken: „Baden schneidet bei einer politisch-geographischen Betrachtung vielleicht etwas besser ab als die Pfalz, aber auch seine Grenzen sind ungünstig genug gestaltet... Es gibt allerdings ein badisches Staatsvolk, das in allen Teilen des Staatsgebietes zu diesem Staate sich bekennt...". Hier steht allerdings in erster

Die Markgrafschaften BADEN-BADEN und BADEN-DURLACH bis zu ihrer Vereinigung 1771

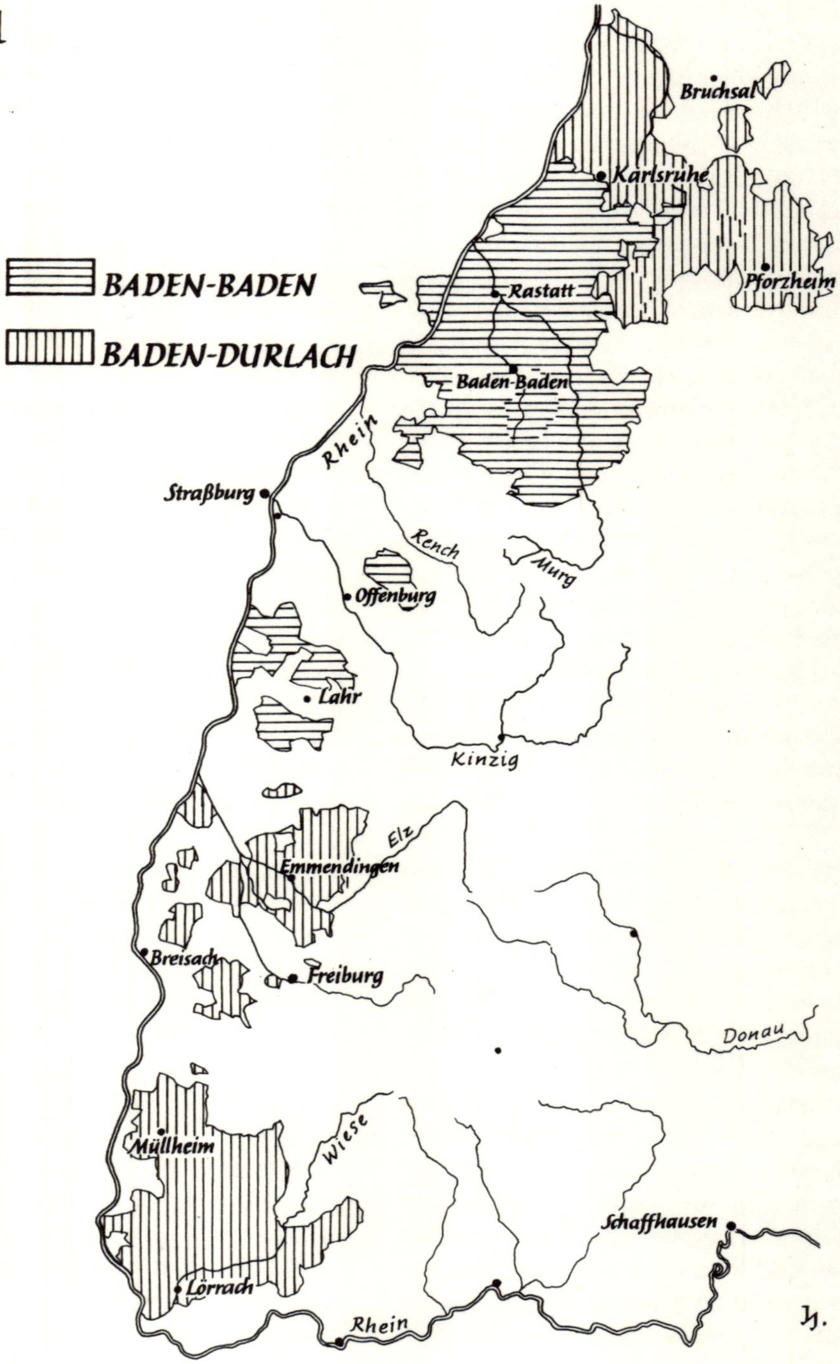

Linie das Wunschdenken nach einer staatlichen (deutschen) Einheit des Oberrheinraumes Pate (nicht zuletzt noch im nostalgischen Schmerz über das 1918/19 verlorengegangene Elsaß), was volks- und sprach-, besonders dialektkundlich in einigem verständlich; nicht verwunderlich, wenn 12 Jahre später und 3 Jahre vor der Annektion des Elsasses durch das Hitlerregime wehmütig festgestellt wird[8]: „Die Geschichte des oberrheinischen Landes in seiner Ganzheit und Geschlossenheit ist... noch nicht geschrieben worden...". Entschieden „gemäßigter" und mit mehr Verständnis für die bisherige Geschichte des Landes Baden, besonders während seiner letzten anderthalb Jahrhunderte, sieht es Josef Altenstetter[9]: „Betrachtet man... daß das Land Baden in der Hauptsache und dem Grunde nach mit einem natürlichen Raum übereinstimmt, daß also von raumordnerischen Gesichtspunkten nichts gegen dieses Land eingewendet werden kann, so drängt sich der Gedanke auf, daß dies kaum das Werk eines Zufalls, sondern das Ergebnis eines klaren und schöpferischen Geistes gewesen sein muß." Ein Geschichtsabriß des badischen Landes und nachmaligen Staates schließt hier an, worin die Gesamtentwicklung des Großherzogtums aus einer Art Igelstellung der markgräflichen Landesherrschaften mitaufgerollt wird, seine Wachstumsschwierigkeiten aber freilich nicht verkannt werden.

Angesichts der Tatsache, daß das Land Baden (erst als Großherzogtum und nachmalig als Republik respektive als Gau) lediglich seine knappen hundertundfünfzig Jahre existiert hat, muß man ihm allerdings viel Kraft und Individualität zubilligen, sonst hätte es im 19. Jahrhundert nicht solches Ansehen und dergleichen Geltung erhalten können, und sonst wär's im 20. Jahrhundert nicht als ebenbürtiger Rivale seines weit größeren Nachbarn Württemberg aufgetreten, um sich letztendlich als gleichwertiger Partner mit ihm zu verbinden („Baden-Württemberg", nicht „Württemberg-Baden", auch keine offizielle „Südweststaat"-Verbrämung und ganz und gar kein „Rheinschwaben"!).

Befragen wir nochmals die einschlägigen Werke, etwa Rolf Gustav Haebler[10]: „Während bisher im wesentlichen von historisch-dynastischen, staatlichen und politischen Gesichtspunkten der geschichtlichen Entwicklung in dem Raum zwischen See und Main ausgegangen wurde, will diese Darstellung badischer Geschichte sich in ihrem Aufbau stützen auf das politische und wirtschaftliche, soziale und kulturelle Geschehen in den einzelnen Landschaften... Sicherlich wuchs erst mit der Gründung des Großherzogtums das Land zusammen; erst von 1806 an gibt es eine im engeren Sinne ‚Badische Geschichte'... zugleich eine sachliche Rechtfertigung der Idee, aus der heraus dies Buch geschrieben wurde: aus der Idee der Heimat, badischer Heimat, die eine lebendige Kraft ist, gleichviel ob es sich um Schwarzwälder oder Seehasen, um Pfälzer oder fränkische Bauern... handelt...".

Haebler hatte seine „Badische Geschichte" noch vor der Neugründung des Bundeslandes Baden-Württemberg abgefaßt; zwei Dutzend Jahre später (1975) heißt es auf dem Klappentext zu Amadeus Siebenpunkts „Deutschland deine Badener – Gruppenbild einer verzwickten Familie"[11]: „Badener – gibt's die überhaupt? Die Frage ist berechtigt. Zwar haben sich die Badener seit 1951 mit den Schwaben in der Vernunftehe eines Bindestrichstaates zusammengerauft; aber deshalb versteht sich der Menschenschlag am rechten Ufer des Oberrheins vom Bodensee bis zum Main dennoch als eigengeprägte Landsmannschaft."

Genug der Zitate – wollen wir vielmehr unsere badischen Reminiszenzen mit einem sprachlichen Kuriosum beschließen! Daß man da und dort noch von den „Badensern" spricht, ist allbekannt. Auch und gerade den Badenern. Parallel dazu etwa von den „Sachsensen" o. ä. zu reden, würde freilich niemandem einfallen. Nun, die Latinisierung des Badenbegriffs („Klein-Baden") mag seinerzeit die Veranlassung dazu gegeben haben: 1763 war der erste Band von Schöpflins „Historia Zaringo-Badensis" erschienen, und ein Menschenalter später veröffentlichte Dümgé seine „Geographica et Historia Ducatus Magni Badensis". Erst in den 30er Jahren des vergangenen Jahrhunderts hatten sich dann die Badener gegenüber den Badensern offiziell durchgesetzt. Manche Verfechter der Badenser-Bezeichnung argumentierten allerdings auch dahinaus, daß der Begriff der Badener den Einwohnern von Baden (= Baden-Baden, wie's lange Jahrhunderte hieß) vorbehalten bleiben sollte – versuchsweise hatte man in der Folge auch „Baaden" geschrieben, so daß man es dann offiziell mit den „Baadenern" und den „Badenern" zu tun hatte. Darüber hinaus gab's zu allem hin noch die Verfechter der Neubildung „der Bade" (Mehrzahl „Die Baden"!). Die Ursprünge einer solchen Bezeichnung mögen u. a. im französischen „Grand Duc de Bade" (= Großherzogtum Baden) zu suchen sein. Ein besonders hartnäckiger Anwalt dieser Neubildung war der spätere badische Gesandte in Stuttgart, Albert Friedrich (1775–1843), der im Vorwort seiner „Dramatischen Festspiele und Gesänge für Baden" (1815) ausführt: „Ich widme das Büchlein den Baden, nicht den Badenern oder gar den Badensern! Denn jene Biegung heischt die richtige Sprachform, und wer nicht ein Bade heißen will, der mag den Bayern und Sachsen auch Bayerner und Sachsener nennen."

Erstmals ist die Bezeichnung Baden in einer Urkunde aus dem

Von der napoleonischen Zeit zum Großherzogtum

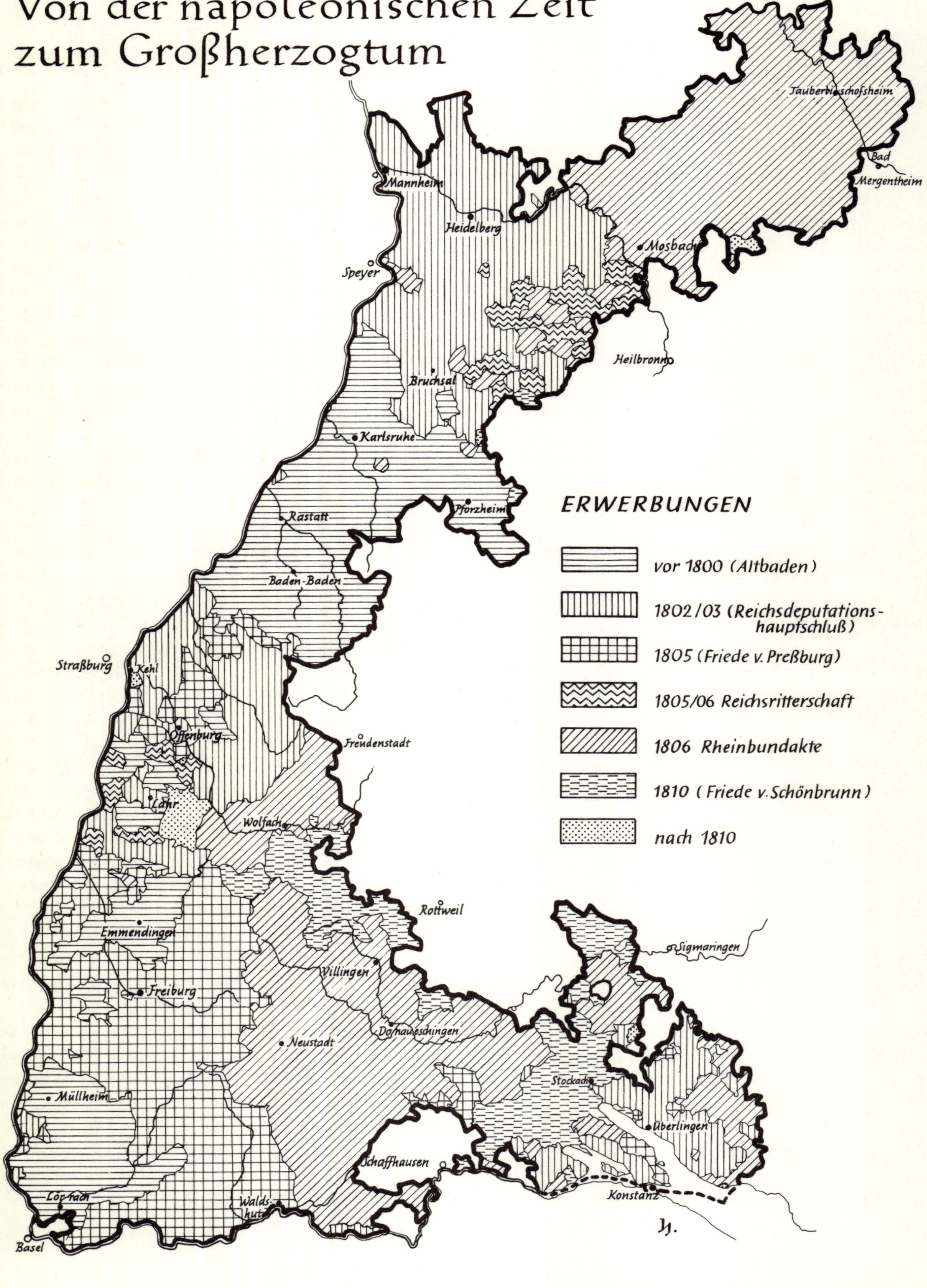

Jahr 897 nachweisbar („in loco Baden nuncupato" = an dem Ort, der Baden genannt wird). Ein knappes Jahrhundert später (994) wird „Baden" bereits ohne weiteren Zusatz als Ortsname gebraucht. Und 1112 nannte sich der Zähringer Markgraf Hermann II. nach seiner Burg Baden im Ufgau (das Baden-Badener Alte Schloß) „Markgraf von Baden".

Die Bezeichnung „Badnerland" mag erst im Zusammenhang mit dem Großherzogtum Baden (aus der Markgrafschaft war zunächst ein Kurfürstentum geworden) seine dichterische Existenzberechtigung (gehabt) haben. In diesem Zusammenhang etwa auch Formulierungen wie „badnisch" (u. a. in der Urfassung von Goethes „Dichtung und Wahrheit") oder „badensch" (vgl. Max von Schenkendorfs „Lied für die Badensche Landwehr" von 1814).

„Land und Leute kennenzulernen ist immer reizvoll..." sagt Alois Stiefvater in seinem Bändchen „Badische Landsleute"[12]. Das gilt auch für uns. – „Mit dem Verkehrsbuch für das Badener Land gibt der Badische Landesverband... Reisenden und Reiselustigen ein Werk in die Hand, dessen Aufgabe darin besteht, in Wort und Bild über unser mit Naturschönheiten reich gesegnetes Großherzogtum anschaulich zu unterrichten..." heißt es ein Menschenleben früher im „Badischen Verkehrsbuch..."[13]. Das gilt auch für uns. – Zwischendurch hatte es Hans Adalbert Berger in seinem Heimatbuch „Badnerland"[14] dahinaus formuliert: „Und zuguterletzt soll ja nicht nur die Heimatliebe des Badener... gestärkt, sondern noch viel mehr der Nichtbadener... mit der Fülle des Sehens- und Wissenswerten innerhalb der gelbroten Grenzpfähle bekannt gemacht werden." Das gilt auch für uns, selbst wenn wir weder Grenzpfähle noch politische Grenze mehr haben. – In der Mitte des 19. Jahrhunderts, sozusagen in der ersten Blüte des Großherzogtums Baden, pflegte man sich anders auszudrücken; daraus noch ein bißchen zu zitieren, dürfte reizvoll, amüsant genug sein, um nicht sogleich zu ermüden: „Mit vorliegendem Büchlein[15] habe ich es versucht, der Jugend eine Beschreibung unseres schönen Vaterlandes in etwas anderer Form zu bieten, als dies gewöhnlich in Schulgeographien geschieht... Es gehören dazu nicht nur charakteristische Schilderungen einzelner Landesteile und ihrer Bewohner... sondern es müssen auch, neben fortwährender Einflechtung geschichtlicher Notizen, so viel als möglich die Poesie und die Sage hereingezogen... und dienstbar gemacht werden...". Es ist dann auch vom selbstverständlichen Gebrauch einer Karte von Baden die Rede, nicht aber von entsprechendem Bildmaterial, worauf damals als noch zu kostspielig verzichtet werden mußte. Ein 1852[16] erschienenes „Sprach- und Lesebuch für die Oberschüler deutscher Elementarschulen" versucht diesem Manko zu steuern; dessen „Dritte Abtheilung" bringt „Geschichtliches von merkwürdigen Orten des Großherzogthums Baden" – das sind gewissermaßen Bilder in der Anschauungssprache, von der Stadt Baden bis zur Hornberg reichend. – Doch nicht, daß man in jenem Zeitalter nur romantisierte und in Idyllen lebte – „Das badische Bürgerbuch"[17] enthält eine Sammlung der öffentlichen Bundes- und Landesgesetze" zum Nutzen eines jeden Bürgers. – In der „Beschreibung der Festlichkeiten bei der Errichtung und Enthüllung des von Seiner Königlichen Hoheit, dem Großherzog Leopold von Baden, Seinem in Gott ruhenden Herrn Vater Carl Friedrich geweihten Denkmales"[18] rühmt der Verfasser u. a. den ehemaligen Markgrafen, späteren Kurfürsten und nachmaligen Großherzog: „Er wollte über ein freies, opulentes, sittliches und christliches Volk regieren!" Auch das gilt für heute, gilt für uns, wenngleich man sich anders, moderner auszudrücken pflegt und wenngleich das alte Baden im größern Bundesland Baden-Württemberg nun einmal aufgegangen ist.

Nein, das alte Baden soll weder politisch noch eigenstaatlich mittels unseres Bildmaterials und unserer geschichtlichen Betrachtungen zu neuer Existenz wiedererweckt werden. Vielmehr geht es uns einzig allein darum, das ehemalige Badnerland als eine Art historische Dokumentation nach dem Vierteljahrhundert seines Nicht-mehr-offiziell-Bestehens vor Augen zu rücken, im Sinn zu haben. Von den Römern zu den Alemannen und Franken (die wir selber ja noch irgend sind) über die alemannischen Herzöge und deutschen Kaiser zum Humanismus und zur Reformation und Gegenreformation, über die Drangsale des Dreißigjährigen Krieges und der Franzosenzeit bis hin zum Werden des Großherzogtums, über die Jahre der 48/49er Revolution und des Liberalismus und den Anschluß an das Bismarckreich, über den 70/71er Krieg und den Ersten Weltkrieg, bis hin zur Republik und dem Gau-Baden-Zwischenspiel sowie dem kurzen Abgesang in der Zweiteilung Nord-Süd und schließlich dem difficilen Aufgehen im größern Ganzen, wie es die Geschichte nun einmal abverlangte...

Wer Baden-Württemberg sagt, kann das alte Baden nicht ausklammern. Ohne dieses Baden kein Baden-Württemberg. Es geht ja nicht an, das Geschichtsbewußtsein auf eine nie stattgehabte historische Entwicklung dieses heutigen Bundeslandes zu verdrängen. So gesehen, stellt ein Band über das alte Land Baden auch einen entscheidenden Beitrag über das neue Land Baden-Württemberg dar. Und ganz ohne Geschichte geht es nun einmal nicht. Heute übrigens noch weniger denn je. Mag man die ursprünglichen Territorien sehen und interpretieren, wie immer man's will und vermag.

BE
TOL·DEI·GRA
BVRGVNDIE

Carl Friderich

Carl Friedrich von Gottes Gnaden, Grossherzog zu Baden,
Ober- und Erbherr der Baar und zu Stühlingen samt Heiligenberg,
zu Mosbach samt Düren, Bischofsheim, Hartheim und Lauda, des Klettgaus;

Herzog zu Zähringen, Landgraf zu Nellenburg etc.,
Hausen, Möskirch, Hohenhewen, Wildenstein und Waldsberg;
zu Tengen; zu Krautheim; zu Wertheim; zu Neidenau und Billigheim usw.

Nur 115 Jahre hatte das 1803/06 aus dem Bündnis mit Napoleon erwachsene Großherzogtum Baden Bestand. 1918 dankte der letzte Großherzog Friedrich II. ab. Und doch reichten diese wenigen Jahre, um in den jahrhundertelang immer wieder geteilten badischen Ländern ein Gefühl der Zusammengehörigkeit zu schaffen, das auch in den Folgejahren Bestand hatte und sich bis in die Neugliederung im Land Baden-Württemberg erhalten hat.

Unten: Der „Rote Salon“ im Neuen Schloß zu Baden-Baden.

Das badische Land

ist geprägt durch seine Lage zwischen der Rheinebene im Westen und den Bergen des Schwarzwaldes im Osten, dem sich nach Norden Odenwald und Pfälzerwald anschließen. Diese Öffnung des Landes nach Westen war schicksalhaft für die Geschichte des Landes und seiner Menschen.

Unten: Blick auf den Rhein und die Altrheinschleifen bei Mannheim.

Die Schwarzwaldberge, von denen sich Quertäler zur Rheinebene hin öffnen, bildeten seit jeher eine natürliche Grenze des badisch-alemannischen Raumes gegen das östliche Schwabenland.

Unten: Schwarzwaldberge im Morgennebel.
Rechts: Das Münstertal im südlichen Schwarzwald.

Das Gebiet des Kaiserstuhls, Überrest vulkanischer Tätigkeit im Rheintalgraben, ist geologisch und klimatisch eine Besonderheit des badischen Landes. – Die Vielfalt landschaftlicher und siedlungsmäßiger Formen macht das Bild eines typischen Einzelhofes im Schwarzwald deutlich.

Unten: Hügel im Kaiserstuhlgebiet.
Rechts: Schwarzwaldhof bei Triberg.

Der Rhein, der als Oberrhein streckenweise die Grenze des badischen Landes gegen das Elsaß bildet, grenzt im Gebiet des Hochrheins zwischen Konstanz und Basel an die Schweiz, wobei der Strom hüben wie drüben nie als starre Grenze empfunden wurde. – In den Hügeln der Ortenau treffen wir auf ein Stück der „Badischen Weinstraße“.

Rechts: Burg Ortenberg in der Ortenau an der Öffnung des Kinzigtals.

Unten: Der Hochrhein bei Laufenburg.

Der Bodensee grenzt mit seinen südlichen Ufern an die Schweiz, mit seinen östlichen und nördlichen an Österreich und den Freistaat Bayern und kennzeichnet so auch im Süden Badens die Situation dieses Landes als eines Raumes mit offenen Grenzen.

Rechts: Blick vom Weinort Hagnau über den Bodensee auf das Säntismassiv.

Die linksrheinische Pfalz grenzt heute als Teil des Landes Rheinland-Pfalz an Nordbaden an. Doch auch in diesem Raum gab es nie starre Grenzen. Die Reichsburg Trifels und die Kaiserdome von Speyer und Worms bezeugen vielmehr deutlich, daß dieser Raum zum Kerngebiet staufischer Macht im hohen Mittelalter gehörte, als die Zähringer den Grundstein für das spätere Herzog- und Großherzogtum Baden legten, deren Herrscher zeitweise auch Herren der Pfalz waren.

Unten: Die „Pfälzer Weinstraße“ bei Edenkoben.
Rechts: Die Reichsburg Trifels bei Annweiler.

Im Grenzgebiet des Badischen liegt auch das romantisch-wilde Tal des Durchbruchs der Donau, die bei Donaueschingen entspringt, durch die Schwäbische Alb. – Ähnlich urwüchsig zeigt sich die Natur auch im Odenwald am Nordrand des badischen Raumes.

Links: Blick vom Eichfelsen ins Donautal bei Sigmaringen.
Unten: Das „Felsenmeer“ im Odenwald.

Entlang der fruchtbaren Rheinebene reihen sich auf den Vorbergen des Schwarzwaldes Ruinen von mittelalterlichen Burgen, die die Zersplitterung des Landes in kleine Herrschaften bezeugen. Auch diese Zersplitterung gehört zum Schicksal Badens, das erst spät und nur für rund 150 Jahre zum „Land Baden" wurde, um dann mit den „Nachbarn hinter dem Schwarzwald" das heutige Land Baden-Württemberg zu bilden.

Rechts: Blick von der Madenburg auf die Rheinebene bei Göcklingen.
Folgende Seite: Burg Rötteln bei Lörrach.

Die Besiedelung des Landes

reicht bis in urgeschichtliche Zeit zurück und erstreckte sich zunächst auf die fruchtbare Rheinebene, in der durch Funde menschliches Leben schon vor rund 17000 Jahren nachgewiesen ist.

Unten: Ritzzeichnung eines Rentiers auf einem Knochen, gefunden in einer Höhle bei Thayngen am Hochrhein. Jäger der Späteiszeit schnitzten dieses naturalistische Tierbild um 15000 v. Chr., daneben Knochennadeln. – Konstanz, Rosgartenmuseum.

Eine wirkliche Besiedelung setzte erst mit den Wanderungen der Kelten aus Südosteuropa seit dem 1. Jahrtausend v. Chr. ein, für die das Rheintal der natürliche Weg nach Norden und Westen war. Für die hochentwickelte Technik der Metallbearbeitung, die den Kelten auch militärisch ein Übergewicht über die Bevölkerung Westeuropas gab, zeugen die hier gezeigten Stücke aus keltischen Siedlungen im badischen Raum.

Links: Der „goldene Hut" von Schifferstadt, vermutlich ein kultisches Fruchtbarkeitssymbol, entstanden um 1200 v. Chr. – Speyer, Historisches Museum der Pfalz.
Unten: Frühkeltischer Armreif, Bronze um 550 v. Chr. – Karlsruhe, Badisches Landesmuseum.

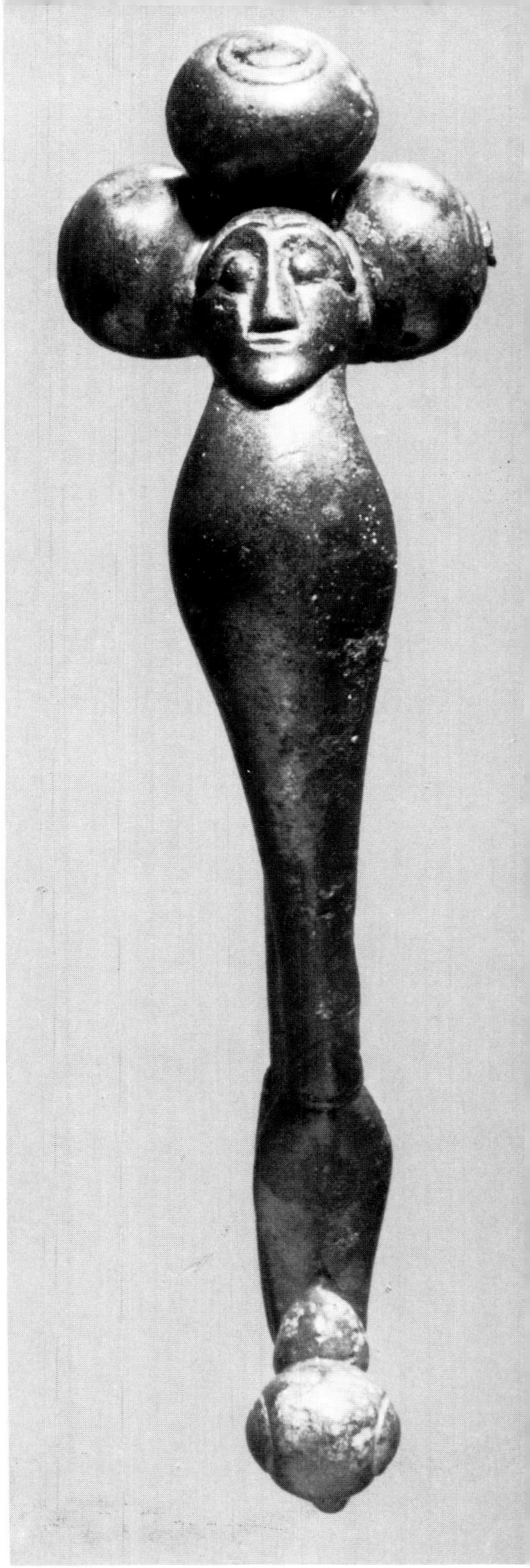

Oben: Keltische Maskenfibel aus Bronze, um 450 v. Chr., gefunden bei Oberwittighausen. – Karlsruhe, Badisches Landesmuseum.

Links: Alemannische Reiterscheibe, Bronze aus dem 7. Jh. n. Chr., gefunden bei Bräunlingen. – Karlsruhe, Badisches Landesmuseum.

Unten: Mithras-Relief aus Ladenburg, das seit 74 n. Chr. römischer Garnisonsort war.

Mit der Eroberung Galliens durch die Legionen der Weltmacht Rom und der anschließenden Sicherung der neuen Provinz gegen die germanischen Stämme wurde das oberrheinische Gebiet, gesichert durch den seit 83 n. Chr. errichteten obergermanisch-rätischen Limes zur römischen Provinz, in der römische Kultur und Zivilisation Spuren hinterließ, die auch die Anstürme der Alemannen überdauerten, bis diese 260 n. Chr. endgültig die römischen Befestigungen überrannten.

Die Kette der badischen Heilbäder am Oberrhein läßt sich bis in die römische Zeit zurückverfolgen, wie die Reste der Thermen in Badenweiler beweisen. Auch der Weinbau Badens dürfte ein Erbe aus römischer Zeit sein.

Unten: Römische Thermen in Badenweiler.
Rechts: Achillesplatte, Teil des sogenannten „Silberschatzes von Kaiseraugst" (3. Jh. n. Chr.), gefunden im Römerort Augusta Raurica bei Basel. – Augst, Römermuseum.

CHRISTUS · VINCIT · CHRISTUS · REGNAT · CHRISTUS · IMPERAT · CHRISTUS · AB · OMNI · MALO · PLEBEM · SUAM · DEFENDAT

Die Ausbreitung des Christentums,

das mit den Römern Spanien, England und Irland erreicht hatte, erfolgte seit dem 7. Jahrhundert durch Missionare aus diesen Ländern. Unterstützt durch die fränkischen Herrscher, in deren Machtbereich auch das Land am Rhein und Bodensee lag, entstanden überall im Land Klöster und Bischofssitze als Zentren einer sich rasch ausbreitenden christlichen Kultur.

Unten: Der Missionar Pirmin, der aus Spanien stammte, landet im 8. Jh. auf der Reichenau, deren Kloster er begründet. – Gemälde (1624) im Münster von Mittelzell auf der Reichenau.
Links: Innenraum der Kirche St. Georg in Reichenau-Oberzell mit um 980 entstandenen Wandbildern der Wundertaten Jesu.

Das Kloster Reichenau wurde, gefördert von Karl d. Gr. und seinen Nachfolgern, zu einem Zentrum kultureller und künstlerischer Entwicklung in Südwestdeutschland. Ähnlich bedeutend als Bischofssitz war das benachbarte, aus einer Römersiedlung entstandene Konstanz, flächenmäßig lange Zeit das größte deutsche Bistum.

Links: Im Westquerhaus des Münsters von Mittelzell auf der Reichenau erinnert die monolithische Rundsäule an den zwischen 988–991 unter Abt Wittigowo errichteten Neubau, den vierten in der Geschichte der Klosterkirche.

Unten: Blick in die Krypta des Münster zu Konstanz, dessen älteste Teile bis ins 8. Jh. zurückreichen.

Rechts: Die Achatiuskapelle in Grünsfeldhausen, ein achteckiger Zentralbau, der um 1180–1220 vielleicht über einem Quellheiligtum errichtet wurde, ist ein besonders bemerkenswertes Baudenkmal aus romanischer Zeit.

Die überall im Land entstehenden Benediktinerklöster wurden vielfach von Adelsfamilien des Landes gestiftet und mit reichen Liegenschaften ausgestattet.

Links: Innenraum der Klosterkirche Alpirsbach, erbaut zwischen 1095 und 1125.

Rechts: Ostansicht der Kirche des ehemaligen, um 727 gegründeten Klosters Schwarzach, deren Neubau von 1209–1229 entstand.

Unten: Das Breisacher Münster (13./14. Jh.) überragt die 1185 durch die Staufer gegründete Stadt über dem Rhein, die als eine der wichtigsten Reichsfestungen und als „des heiligen Römischen Reiches Schlüssel und Ruhekissen“ galt.

Das schon im 7./8. Jahrhundert gegründete Schwarzwaldkloster Hirsau wurde im 11. Jahrhundert Mittelpunkt einer klösterlichen Reformbewegung. Im südlichen Schwarzwald stieg das im 9. Jahrhundert gegründete Benediktinerkloster St. Blasien zu ähnlicher Bedeutung als kultureller Mittelpunkt auf. Eine der ältesten Städte des Landes ist Pforzheim, das vielleicht auf eine Kaiserpfalz des 11. Jahrhunderts zurückgeht und von den badischen Markgrafen, die vom 15. Jahrhundert bis 1565 hier residierten, gefördert wurde.

Links: Blick in den Innenraum der 1059–1071 erbauten Aureliuskirche in Hirsau mit einem Relief von H. O. Hajek.
Unten: Die Schloß- und Stiftskirche von Pforzheim (1225–1470) läßt den Stilwandel von der Romanik zur Gotik erkennen.

Das christliche Leben im badischen Raum wurde wesentlich mitgeprägt durch eine große Zahl hervorragender Persönlichkeiten aus der Zeit des Mittelalters, deren heiligmäßiges Leben und Wirken bis heute unvergessen ist.

Rechts: Der heilige Bischof Konrad von Konstanz (934–975), Patron der Stadt und des Erzbistums Freiburg, in dem bei der Neuordnung der Diözesen 1827 das traditionsreiche Bistum Konstanz aufging. – Vergoldete Kupferscheibe auf Holzkern (13. Jh.). Konstanz, Münster.

Unten: Stich des ehemaligen Priorats St. Ulrich im Schwarzwald mit dem Bild des heiligen Gründers Ulrich von Zell († 1093) in der himmlischen Glorie.

Vorige Seite: Kloster und Kirche von St. Blasien wurden 1768–1783 neu erbaut. Die Kuppelkirche von Pierre Michel d'Ixnard ist ein Meisterwerk des Frühklassizismus.

Unter den Zähringern,

dem nach der Stammburg bei Freiburg benannten Fürstengeschlecht, begann die Geschichte des Landes Baden als Territorialgebiet. Hier nimmt aber auch, bedingt durch die über das Kerngebiet weit hinausgreifende Politik der Zähringer Grafen und Herzöge (1061 Herzogtum Kärnten, Markgrafschaft Verona, 1127 Rektorat von Burgund) die Zersplitterung des Landes und Aufteilung in verschiedene Herrschaftsbereiche (z. B. Haus Habsburg im südbadischen Raum) ihren Anfang.

Rechts: Ruine der Burg Zähringen oberhalb von Freiburg-Zähringen.
Links: Markgraf Bernhard II. von Baden (1428–1458), der 1769 seliggesprochene Patron des Landes Baden. Tafelbild (um 1480). – Baden-Baden, Neues Schloß.

Links: Im Herzen der 1120 von Herzog Berthold III. gegründeten Stadt Freiburg liegt das berühmte Münster mit seinem Maßwerkturm.

Die Bedeutung der Zähringer liegt nicht zuletzt in ihren Städtegründungen, mit denen sie in ihren Ländern wichtige Zentren wirtschaftlichen und kulturellen Wachstums schufen.

Unten: Bern, die Bundeshauptstadt der Schweiz, wurde 1191 von Herzog Berthold V. von Zähringen gegründet. Blick auf die Altstadt.

Die vorausschauende Politik der Zähringer, die sich in ihren Städtegründungen dokumentiert, leitete im deutschen Südwesten das Aufblühen der Städte ein, die sich oft im Gegensatz zu den fürstlichen Gründern als Macht- und Kulturzentren entwickelten.

Links: Blick auf Freiburg im Uechtland (Schweiz), das 1157 vermutlich von Herzog Berthold IV. von Zähringen gegründet wurde.
Rechts: Das Marktrecht des Schwarzwaldortes Villingen übertrug Kaiser Otto III. 999 an den Grafen Berthold. Berthold III. von Zähringen veranlaßte 1119 die Neugründung der Stadt. Blick auf das Liebfrauenmünster (13. Jh.).
Unten: Gengenbach verdankt die Stadtgründung dem im 8. Jahrhundert gegründeten Benediktinerkloster. Den wehrhaften Eigencharakter der mittelbadischen Stadt, die von 1218–1803 Freie Reichsstadt war, bezeugt der Marktbrunnen (1582) mit einem Geharnischten, Symbol der Macht der Zünfte.

Badische Stadtgeschichten reichen oft bis in die römisch-alemannische Zeit zurück. Römische Garnisonen (wie in Konstanz oder Ladenburg), Herzogsresidenzen (wie in Überlingen, dem Sitz des Alemannenherzogs Cunzo) oder Klostergründungen bilden häufig den Ursprung der folgenden Entwicklung zur Stadt.

Links und unten: Der Saal des Überlinger Rathauses ist ein Glanzstück spätgotischer Profandekoration. In den Statuetten der Wandtäfelung sind die Stände des Reiches dargestellt: Kurfürsten, Markgrafen, Landgrafen, Schenken, Ritter, Städte und Bauern. Die Dekoration bezeugt den Stolz Überlingens als Freie Reichsstadt (bis 1803).
Rechts: Die Stadt Säckingen am Hochrhein, die aus einer Siedlung neben dem im 7. Jh. gegründeten Frauenkloster entstand, erhielt im 10./11. Jh. die Stadtrechte. Schon 1173 ging die Stadt in habsburgischen Besitz über und blieb – ein Beispiel für die Zersplitterung des badischen Landes – bis 1803 vorderösterreichisch.

Während mit Herzog Berthold V. (1186–1218) das Geschlecht der Herzöge von Zähringen ausstirbt, lebte der Stamm der Zähringer weiter im zweiten Sohn Bertholds I. von Zähringen, dem Markgrafen Hermann († 1074), der Stammvater des Hauses Baden wurde. Immer war die Geschichte beider Häuser und ihrer Länder eng verflochten mit der Geschichte des Reiches und dem staufischen Kaiserhaus. So begleitete etwa Markgraf Hermann IV. den Kaiser Friedrich Barbarossa auf dem Kreuzzug von 1188.

Links: Markgraf Hermann I. in der Tracht der Cluniazenser. Miniatur des 17. Jh. – Baden-Baden, Neues Schloß.
Rechts: Kaiser Friedrich I. Barbarossa mit seinen Söhnen Heinrich und Friedrich von Schwaben. Miniatur um 1180. – Fulda, Landesbibliothek.

Inmedio plis residet pater IMPERIALIS:.

Her Wolfran von Eschilbach. xliiij.

Das Ende des Mittelalters

und eine Zeit umwälzender Veränderungen auch für das Land Baden und seine Herrscher wird durch das Konstanzer Konzil (1414–1418) markiert, bei dem es zwar gelang, das Schisma der katholischen Kirche zu beenden, bei dem aber mit der Verbrennung des tschechischen Reformers Johannes Hus als Ketzer der Keim für die künftigen blutigen Unruhen gelegt wird.

Links: Der Minnesänger Wolfram v. Eschenbach. Miniatur aus der sogenannten Manessischen Liederhandschrift (13./14. Jh.) – Heidelberg, Universitätsbibliothek.
Rechts: Die Verbrennung des Johannes Hus, dessen Asche anschließend in den Rhein gestreut wird, während des Konstanzer Konzils (1415). Kolorierte Federzeichnung aus der Chronik des Ulrich Richental († 1437). – Konstanz, Rosgartenmuseum.

Mit dem deutschen Bauernkrieg von 1524/25, dem am Oberrhein im Zeichen des Bundschuhs schon 1493 und 1502 Aufstände vorausgegangen waren, beginnen die blutigen Auseinandersetzungen der Reformationszeit, die im 30jährigen Krieg ganz Europa erfassen und auch die badischen Lande, deren Herrscher sich in eine katholische (Baden-Baden) und evangelische Linie (Baden-Durlach) aufspalten, schwer treffen.

Links: Wappenscheibe der Stadt Überlingen mit Bauernkriegsszenen von 1525. – Überlingen, Rathaus.
Unten: Schloß Hohenbaden, die alte Residenz der badischen Markgrafen, seit den Bränden von 1584 und 1597 Ruine.

Die Spaltung des Hauses Baden, von der sich 1190 die Linie Hachberg, 1305 die Linie Sausenberg abzweigte, wurde zwar 1503 durch Erbfall beendet, aber die Besitzungen werden schon 1515 unter Markgraf Christoph I., der 1495 eine Landesordnung aufgestellt hatte, erneut geteilt.

Links: Grabmal des Markgrafen Rudolf III. von Hachberg-Sausenberg († 1428) in der Kirche zu Rötteln.
Unten: Markgraf Christoph I. von Baden (1453–1527). Gemälde im Neuen Schloß von Baden-Baden.
Rechts: Das Neue Schloß von Baden-Baden, erbaut ab 1573 unter Markgraf Philipp II.

COGNATVS.
ERASMVS.
GILBERTVS COGNATVS NOZERENVS, D. ERASmi amanuensis: anno ætatis suæ 26. Christiano uerò 1530.
DES. ERASMVS ROTERODAMVS, ANNO ætatis suæ 70. Christi uerò 1530.

Die Zeit des Umbruchs und der Reformation brachte dem Lande Baden aber auch starke geistige Impulse. Schon 1386 war in Heidelberg die erste Universität auf deutschem Boden gegründet worden, 1457 folgte die Universität Freiburg, deren Rektor 1476 Geiler von Kaisersberg wurde. Die Humanisten Erasmus von Rotterdam aus Basel, Philipp Melanchthon aus Bretten, der den Ehrennamen „praeceptor germaniae" erhielt, und Johannes Reuchlin aus Pforzheim wirkten mit ihren Schriften und Stellungnahmen zur Reformation weit über die Heimat hinaus.

Oben links: Johannes Reuchlin (1455–1522).
Oben rechts: Johann Geiler von Kaisersberg (1445–1510) Gemälde von Lukas Cranach.
Unten links: Erasmus von Rotterdam (1467 bis 1536) mit seinem Sekretär Cognatus im Erkerzimmer des Hauses zum Walfisch (heute Sparkasse) zu Freiburg im Jahre 1530.
Rechts: Philipp Melanchthon (1497–1560). Gemälde (1543) von Lukas Cranach. Heidelberg, Kurpfälzisches Museum.

HIER STEHE ICH,
ICH KANN NICHT ANDERS,
GOTT HELFE MIR! AMEN!

Martin Luthers Thesenanschlag in Wittenberg am 30. 10. 1517 und seine Weigerung auf dem Reichstag zu Worms 1521, seine Thesen und Lehre zu widerrufen, führte zur evangelischen Lehre, der sich auch viele Landesfürsten anschlossen, und zur Trennung der evangelischen Christen von der katholischen Kirche. Auch für die badischen Lande, deren Herrscherhaus in eine katholische und evangelische Linie zerfiel, galt jetzt der Satz „cuius regio, eius religio".

Links: Lutherdenkmal in Worms.
Rechts: Die Türme des Wormser Doms.

Die Pfalz, aus dem Besitz der salischen und staufischen Kaiser zusammengefügt (Pfalzgraf bei Rhein), mit deren Besitz die Kurfürstenwürde verbunden war, kam mit den rechtsrheinischen Gebieten erst 1803 zum Großherzogtum Baden. Die Geschichte dieses Landesteils kann hier nur gestreift werden: Besitz des Hauses Wittelsbach; 1559 unter Kurfürst Otto Heinrich zum Luthertum übergetreten; im Pfälzer Erbfolgekrieg (1688/97) gegen Ludwig XIV. von Frankreich schwere Zerstörungen, denen auch das Heidelberger Schloß, ein Hauptwerk der deutschen Renaissance, zum Opfer fiel; 1720 Verlegung der Residenz nach Mannheim; 1801 fallen die linksrheinischen Gebiete an Frankreich, dessen Revolutionsheere das Land seit 1792 angriffen.

Rechts: Blick auf Heidelberg am Neckar.

In der Geschichte des badischen Hauses bringt das Jahr 1535 die Teilung der Markgrafschaft in die Baden-Badener Bernhardinische (katholische) Linie und den jüngeren Ernestinischen (seit 1556 protestantischen) Zweig Baden-Durlach. Unter Markgraf Friedrich entstand die Residenz Durlach, die Markgraf Karl Wilhelm 1715 nach Karlsruhe verlegte.

Links: Markgraf Karl Wilhelm von Baden-Durlach.
Unten: Markgraf Friedrich Magnus (1647–1709) von Baden-Durlach mit seiner Familie.
Rechts oben: Plan des Schlosses von Durlach.
Rechts unten: Plan des Schlosses von Karlsruhe.

Markgraf Ludwig Wilhelm von Baden-Baden (1655–1707), der wegen seiner siegreichen Schlachten als kaiserlicher Feldmarschall gegen die Türken den Ehrennamen „Türkenlouis" erhielt, verteidigte das badische Reichsgebiet auch erfolgreich gegen die Angriffe der Franzosen.

Links: Markgraf Ludwig Wilhelm I. von Baden-Baden. Gemälde (1845) von Koopmann. – Baden-Baden, Neues Schloß. Unten: Siegreiche Schlacht des „Türkenlouis" bei Mohacz am Berge Harsan 1687. – Rastatt, Wehrgeschichtliches Museum.

Der französische Feldmarschall Turenne, der die Truppen König Ludwigs XIV. in den Angriffskriegen gegen badisches und vorderösterreichisches Gebiet befehligte, fiel 1675 in der Schlacht bei Sasbach im Kampf gegen kaiserliche Truppen.

Unten: Tod des Marschalls Turenne in der Schlacht von Sasbach. Stich von Jan Luyken. – Rastatt, Wehrgeschichtliches Museum.

Im Schloß von Rastatt, wo 1797/99 der Rastatter Kongress vergeblich über Entschädigungen deutscher Fürsten für Gebietsabtretungen an Frankreich verhandelt hatte, wurde 1714 durch den Frieden von Rastatt der Spanische Erbfolgekrieg zwischen Österreich und Frankreich beendet. Auch die badischen Lande erhielten damit für einige Zeit Ruhe vor den französischen Überfällen.

Unten: Der Friedensschluß zu Rastatt. Zeitgenössischer Stich. Rastatt, Wehrgeschichtliches Museum.

Die Schlösser Badens

sind mehr als Touristenattraktionen, schlecht beheizbare Behördenräume oder Belastungen für staatliche und fürstliche Finanzkassen. In ihnen ist wie in Brennpunkten badische Geschichte und deutsche Kunstgeschichte eingefangen.

Links: Schloß Ettlingen, 1558–1561 unter Markgraf Philibert von Baden-Baden († 1569) erbaut und nach Brand 1728/33 als Witwensitz für Markgräfin Sibylla Augusta, die Gemahlin des „Türkenlouis", wiederhergestellt, besitzt im Deckengemälde der Schloßkapelle mit der von Cosmas Damian Asam 1732 gemalten Apotheose des hl. Johannes Nepomuk ein Kunstwerk von europäischem Rang.
Unten: Das Schloß von Rastatt, Residenz der markgräflichen Linie Baden-Baden von 1705–1771, wurde auf Befehl des „Türkenlouis", um 1712 im Grundbau vollendet.

Links: Fassade des unter Otto Heinrich von der Pfalz seit 1556 erbauten Ottheinrichbaus des Heidelberger Schlosses, ein Meisterwerk deutscher Renaissancearchitektur, das 1689 und 1693 von französischen Truppen zerstört wurde und seitdem Ruine ist.

Unten: Das Schloß von Karlsruhe geht zurück auf die Stadtgründung (1715/18) durch Markgraf Karl Wilhelm von Baden-Durlach, der hier seine neue Residenz einrichten wollte. Die heutige Anlage entstand ab 1750 unter Markgraf Karl Friedrich nach Plänen von Balthasar Neumann.

Neben den weltlichen Fürsten waren auch die geistlichen Fürstbischöfe als Bauherren bedeutsam. Das Schloß von Bruchsal entstand ab 1720 als Residenz des Fürstbischofs von Speyer, Damian Hugo von Schönborn.

Unten: Schloß Bruchsal.
Rechts: Treppenaufgang im Schloß von Rastatt.

Schloß Favorite bei Rastatt wurde 1710/12 als Sommerresidenz für die Markgräfinwitwe Sibylla Augusta von Baden-Baden durch Johann Michael Ludwig Rohrer errichtet. In der fast unverändert erhaltenen Inneneinrichtung spiegelt sich etwas vom Leben der Besitzerin, die ihren Gemahl, den „Türkenlouis", um Jahrzehnte überlebte.

Unten: Ansicht des Schlosses Favorite von der Parkseite. Rechts: Markgräfin Maria Sibylla. Gemälde (1845) von Götzenberger. – Baden-Baden, Neues Schloß.

Die Bedeutung Mannheims, das aus einer Siedlung neben der 1606 am Rheinufer angelegten kurpfälzischen Festung Friedrichsburg erwuchs, stieg sprunghaft mit der Verlegung der kurfürstlichen Residenz von Heidelberg an den Rhein im Jahre 1720 unter Kurfürst Karl III. Philipp von Pfalz-Neuburg. Ähnlich wie Karlsruhe ist auch Mannheim eine „auf dem Reißbrett" konstruierte Stadt, deren schachbrettartige Straßenan-

lage auf das mächtige Schloß orientiert ist. Die Schloßanlage, mit 600 m Frontlänge eine der größten in Europa, entstand in Anlehnung und Konkurrenz zum Versailler Schloß zwischen 1720 und 1760 in drei Bauabschnitten.

Unten: Das Mannheimer Schloß.

In den Rittersälen der Schlösser von Mannheim und Heiligenberg spiegelt sich deutlich die stilistische und geschmackliche Veränderung der Dekorationskunst während zweihundert Jahren. Während Mannheim den Geist und Einfluß des französischen Klassizismus verrät, zeigt die reiche Kassettendecke (1580/84) von Schloß Heiligenberg Formen italienisch-niederländischer Renaissance.

Unten: Der Rittersaal des Mannheimer Schlosses.
Rechts: Rittersaal von Schloß Heiligenberg, das seit 1546 durch die Grafen (späteren Fürsten) von Fürstenberg erbaut wurde.

Der Ruhm des Schlosses von Schwetzingen, eines ehemaligen Jagdschlosses an der Stelle einer mittelalterlichen Wasserburg, das die Pfälzer Kurfürsten im 18. Jahrhundert zum Lustschloß umgestalteten, beruht vor allem auf dem prunkvollen Park. Ähnlich ist auch beim Meersburger Schloß, der Residenz der Konstanzer Bischöfe, das 1740/50 nach Plänen von Balthasar Neumann für Damian Hugo von Schönborn, den späteren Fürstbischof von Speyer und Bauherrn von Schloß Bruchsal, erbaut wurde, die Beziehung zur Natur durch die Lage über dem Bodensee wesentlich.

Unten: Blick vom Hirschbassin auf das Schloß Schwetzingen.
Rechts: Das Meersburger Schloß.

Kunst in Baden

repräsentieren neben den Schlössern die Kirchen des Landes in herrlichen Bauten aller Stilrichtungen von der Romanik bis zum Barock und Klassizismus. Der Turm des Freiburger Münsters oder die Wallfahrtskirche Birnau sind ebenso weltberühmt wie die Werke einzelner Maler und Bildschnitzer. Die folgenden Bildseiten geben einen kleinen Ausschnitt aus der Fülle von Kunstwerken, die dieses Land und seine Museen besitzen.

Unten: Kaisersaal des Klosters Salem, 1708/09 von Franz Joseph Feuchtmayer ausgestattet.
Rechts: Blick in das Maßwerk des Turmhelms des Freiburger Münsters (ab 1260).

Links: Das „Heilige Grab" in der Mauritiusrotunde des Konstanzer Münsters ist eines der wenigen erhaltenen Beispiele dieser beliebten Innenraumarchitektur aus dem hohen Mittelalter (spätes 13. Jh.). Der zwölfseitige Zentralbau ist geschmückt mit einem Figurenzyklus des Lebens Jesu und den zwölf Aposteln zwischen den Giebeln.
Rechts: Krönung Davids durch Samuel. Romanisches Relief (12. Jh.) am Freiburger Münster.

Links: Christus begegnet Maria Magdalena am Ostermorgen im Garten. – Tafelbild von Martin Schongauer. Colmar, Museum Unterlinden.
Rechts: Petrus mit Aposteln am Pfingstfest. Paulus mit Aposteln am Pfingstfest. Linker und rechter Flügel des Hochaltars im Freiburger Münster von Hans Baldung Grien (um 1512/16). Die Gesichter der Apostel sind so individuell, daß man versucht ist, Freiburger Bürger als Modelle des Malers anzunehmen.

Links: Der schönste Raum der Abteigebäude von St. Peter im Schwarzwald ist der hochbarocke Bibliothekssaal mit Deckenbildern (1751) von Benedikt Gambs und allegorischen Figuren der Künste und Wissenschaften von dem Freiburger Bildhauer Christian Wenzinger.

Unten: Fassade der evangelischen Stadtkirche zu Karlsruhe. Die klassizistische Säulenarchitektur ist ein Beispiel für den Stil Friedrich Weinbrenners (1766–1826), der seit 1800 das bauliche Gesicht der Residenzstadt entscheidend mit seinen Bauten und Platzgestaltungen prägte.

Vor allem auf dem Gebiet der Schnitzkunst entstanden im badischen Raum hervorragende Werke. Künstler wie der Meister H. L., Jörg Zürn, Johann Anton Feuchtmayer und sein Bruder Joseph Anton schufen Meisterwerke von europäischem Rang.

Links: Hochaltar im Münster zu Überlingen von Jörg Zürn (1613/19).
Rechts: Adam und Eva. Schnitzgruppe des Meisters H. L. – Freiburg, Augustinermuseum.
Folgende Seite: Innenraum der Wallfahrtskirche Birnau am Bodensee (1746–1757) mit Stukkaturen und Plastiken von Joseph Anton Feuchtmayer.

Das Land Baden

als Großherzogtum und durch Gewinnung weiter Teile der Kurpfalz wesentlich gewachsener Flächenstaat, verdankt seine Entstehung der französischen Revolution und der folgenden napoleonischen Ära.

Rechts: Die „Marseillaise“, Relief von F. Rude am Arc de Triomphe in Paris.

Die Markgrafen von Baden, die schon 1796 mit Frankreich ein Bündnis eingegangen waren, erhielten 1803 die Pfalz, 1805/06 die vorderösterreichischen Gebiete zugesprochen und wurden 1806 für den Übertritt zum Rheinbund, womit sie sich vom Reich lösten und eine feste Allianz mit dem napoleonischen Frankreich eingingen, zu Großherzögen eines räumlich von 3656 auf 15070 Quadratkilometer gewachsenen Landes.

Unten: Kurfürst Karl Friedrich von Baden wird am 2. Juni 1803 in Mannheim, der Hauptstadt der ihm zugefallenen Pfalz, durch die Bürgerwehr empfangen. – Rastatt, Wehrgeschichtliches Museum.

Rechts: Das Badische Landrecht von 1809, das in Anlehnung an den „Code Napoléon" entstandene Gesetzbuch, zeichnete sich durch eine verständige Berücksichtigung bürgerlichen Freiheitssinns aus und behielt bis 1900 Gültigkeit.

Code Napoléon

mit Zusäzen und Handelsgesezen

als

Land-Recht

für das

Großherzogthum Baden.

Mit Großherzoglich Badischem gnädigstem Privilegio.

Karlsruhe,
im Verlag der C. F. Müller'schen Hofbuchdruckerey.
1809.

Das neue Großherzogtum mußte seinen Aufstieg im Rußlandfeldzug Napoleons durch hohen Blutzoll seiner Truppenkontingente bezahlen.

Links: Graf Wilhelm von Hochberg mit den Badenern an der Beresina, wo die Truppen Napoleons 1812 vernichtend geschlagen wurden. Gemälde von F. Dietz (1855). – Rastatt, Wehrgeschichtliches Museum.
Unten: Der Todesritt der badischen Husaren an der Beresina. Gemälde von F. Dietz. – Rastatt, Wehrgeschichtliches Museum.

Das Großherzogtum Baden trat 1815 nach dem Sturz Napoleons dem Deutschen Bund bei, der völkerrechtlichen Vereinigung der deutschen souveränen Fürsten und Freien Städte zur „Erhaltung der äußeren und inneren Sicherheit Deutschlands und der Unabhängigkeit und Unverletzlichkeit der deutschen Staaten".
Am 22. August 1818 erhielt Baden als einer der ersten deutschen Staaten eine damals als vorbildlich geltende Verfassung. In der Welle der in ganz Europa aufflammenden revolutionären Erhebungen des Jahres 1848 führten die radikal-demokratischen Volksaufstände in Baden unter Friedrich Hecker und Gustav Struve zur Ausrufung der Republik im Mai 1849. Doch schon im August 1849 konnten Regierung und Großherzog Leopold ins Land zurückkehren, nachdem preußische Truppen den Aufstand niedergeschlagen hatten.

Links oben: Freischaren unter Hecker im Gefecht mit badischen Truppen unter General von Gagern bei Kandern am 20. 4. 1848, Rastatt, Wehrgeschichtliches Museum.
Links unten: Die Erschießung des Valentin Streuber, Gemeinderat in Mannheim, am 11. 10. 1849 durch preußische Truppen. – Rastatt, Wehrgeschichtliches Museum.

Badische Geschichte und Politik war in den Folgejahren ein Stück der Auseinandersetzung zwischen Preußen und Österreich um die Vormachtstellung im Deutschen Reich. Der Versuch der Mittelstaaten, sich mit eigenen Reformplänen gegenüber Preußen und Österreich durchzusetzen, scheiterte 1859. Preußens Sieg über Österreich im Krieg von 1866 und die Gründung des unter preußischer Führung stehenden Norddeutschen Bundes führte 1870 auch zum Anschluß der süddeutschen Staaten.

Vorige Seite: Großherzog Leopold von Baden mit seiner Familie. Gemälde (1838) von J. Grund. – Baden-Baden, Neues Schloß.

Rechts: Das Großkreuz des Zähringer Löwenordens.
Unten: Fürstenversammlung 1860 im Neuen Schloß von Baden-Baden. Bleistiftzeichnung von L. Braun.

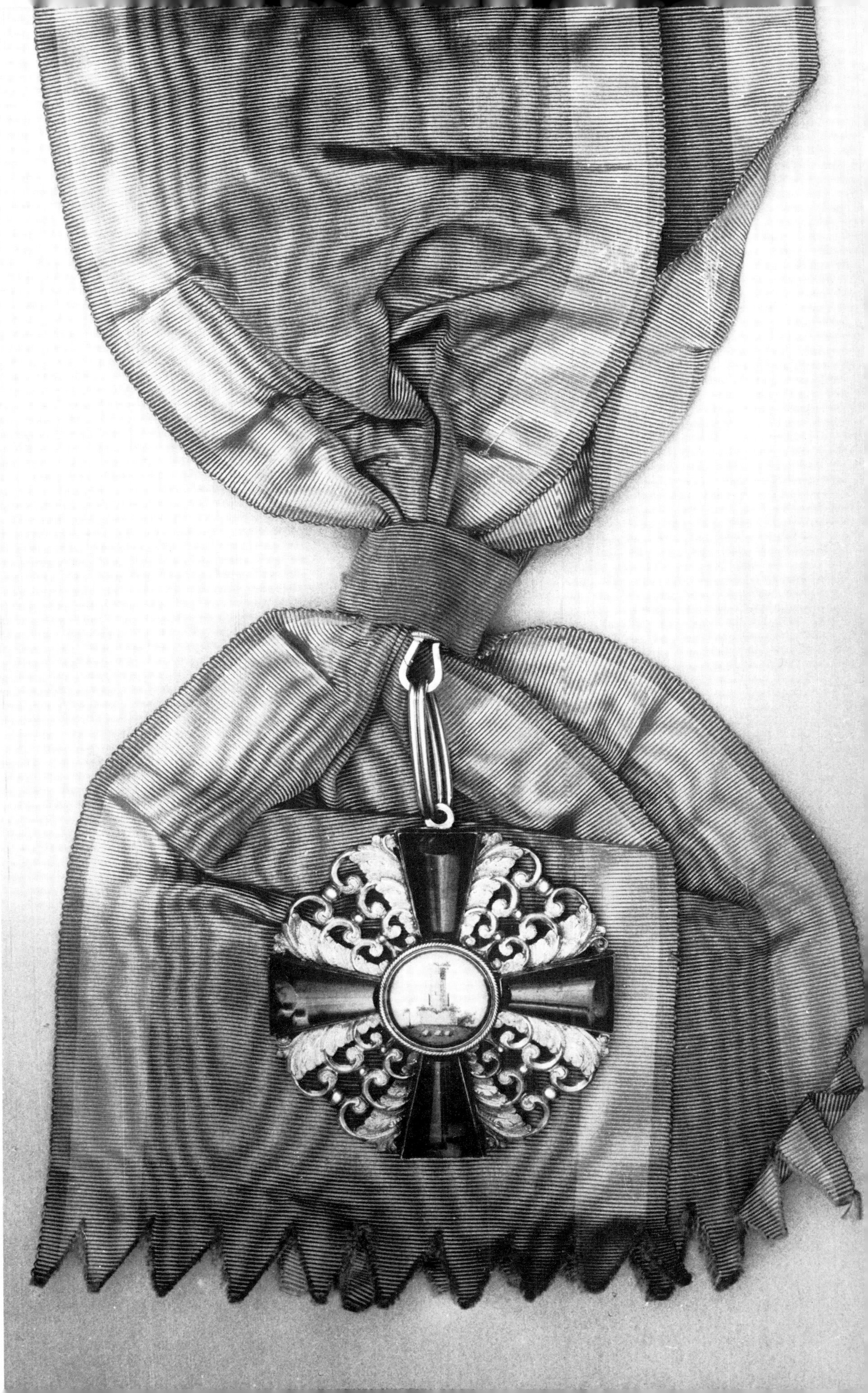

Seite an Seite mit den Truppen der anderen deutschen Bundesstaaten kämpften badische Truppen 1870/71 im Krieg gegen Frankreich.

Unten: Badische Truppen unter den Generälen von Werder und von Degenfeld kämpfen am 17. 1. 1871 bei Chenebier einen Überfall der Franzosen nieder. Lithographie von G. Bartsch. – Rastatt, Wehrgeschichtliches Museum.
Rechts: Prinz Wilhelm von Baden und Generalleutnant von Glarner mit badischen Grenadieren im Gefecht bei Nuits. – Rastatt, Wehrgeschichtliches Museum.
Folgende Seite: Großkreuz des Badischen Verdienstordens.

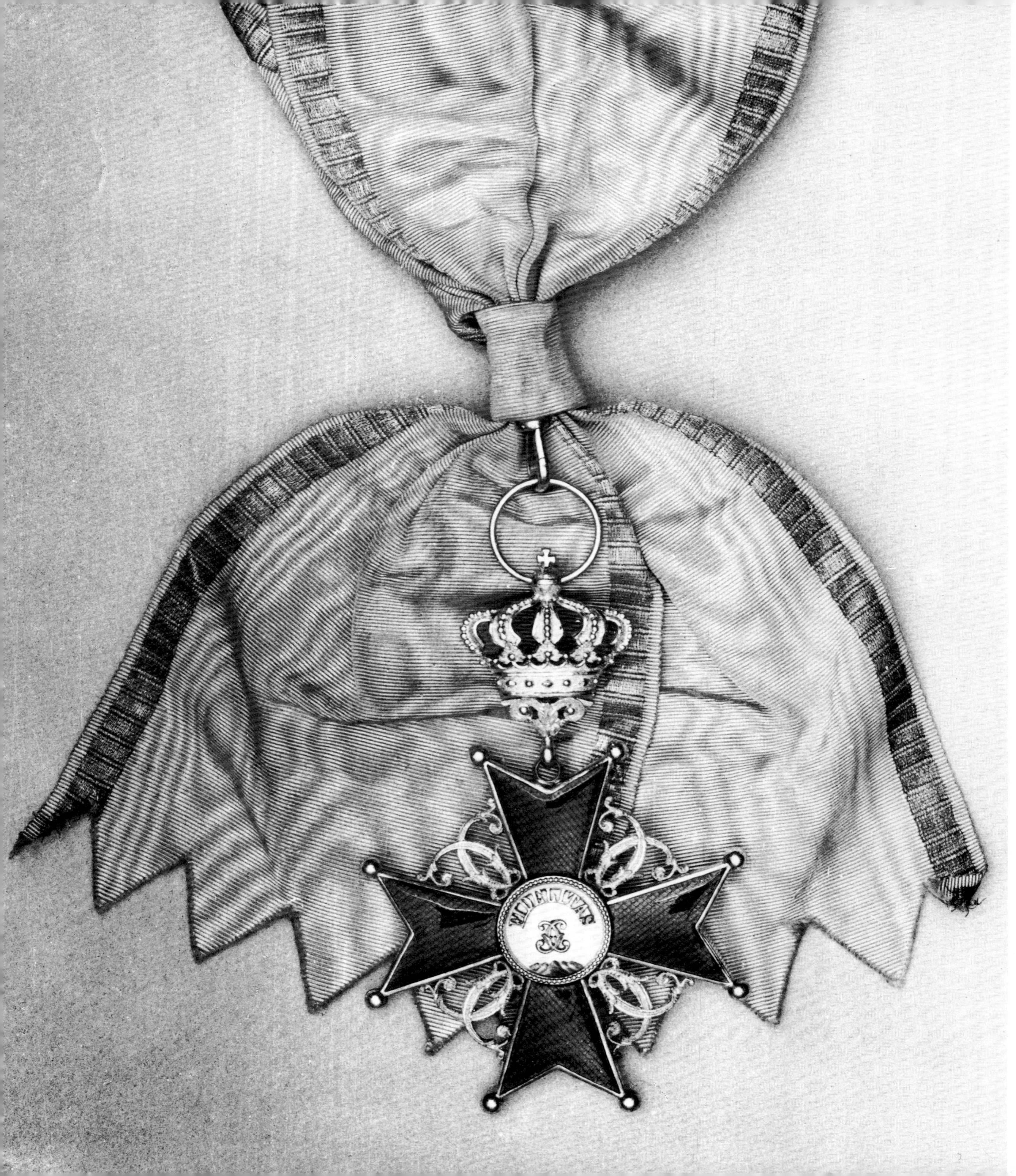

Im Spiegelsaal des französischen Königschlosses von Versailles wurde Wilhelm I. von Preußen am 18. Januar 1871 vor den versammelten deutschen Fürsten und siegreichen Generälen von Großherzog Friedrich I. von Baden zum Deutschen Kaiser proklamiert.

Unten: Die Kaiserproklamation. Entwurf von Anton von Werner für das große Gemälde. – Baden-Baden, Neues Schloß.

Unter Großherzog Friedrich I. erlebte das Land Baden wie das ganze Deutsche Reich eine Zeit des Friedens und wachsenden wirtschaftlichen Aufstiegs. Großherzog Friedrich und seine Gemahlin Luise, die Tochter Kaiser Wilhelms I., wurden vom badischen Volk, das die Wirren des Kulturkampfes und die Wunden des Krieges verschmerzt hatte, als wirkliche Landeseltern verehrt.
Friedrichs Nachfolger, Großherzog Friedrich II., regierte nur noch 7 Jahre in Frieden. Der Erste Weltkrieg mit den blutigen Kämpfen im benachbarten Elsaß und dem Ende in der Revolution von 1918 führte zur Abdankung und damit zum Ende des regierenden Hauses Baden. Für das Land stieg schon bald die Zeit des Nationalsozialismus und des Zweiten Weltkriegs herauf.

Links: Großherzog Friedrich I. von Baden (1826–1907). Gemälde von Hans Thoma (1901). – Baden-Baden, Neues Schloß.
Rechts: Das Kreuz auf dem Hartmannsweilerkopf in den Südvogesen erinnert zusammen mit den großen Kriegerfriedhöfen an die erbitterten Kämpfe im Jahre 1915.

Am Ende des Zweiten Weltkriegs lagen große Teile Deutschlands so in Trümmern, wie es das Bild von Freiburg (links) zeigt. Der beispiellose Wiederaufbau vollzog sich parallel zur Neugliederung Westdeutschlands in zehn Bundesländer. Für Baden bedeutete dies mit dem Aufgehen im Land Baden-Württemberg den nicht leichten Verzicht auf Selbständigkeit.

Rechts: Dr. Reinhold Maier, Dr. Edmund Kaufmann, Dr. Gebhard Müller und Leo Wohlleb beraten das Zusammengehen der von ihnen vertretenen Landesteile in einem Südweststaat.
Unten: Das erste Kabinett des neuen Südweststaates Baden-Württemberg wurde am 25. April 1952 unter Ministerpräsident Dr. Reinhold Maier in der Landeshauptstadt Stuttgart gebildet.

Das Land Baden trägt seitdem seinen Teil zum Gedeihen des „Musterländles" Baden-Württemberg bei. In der Zentralkellerei Breisach entstand die größte Weinkellerei Europas mit 125 Millionen Liter Lagerkapazität, in der badischer Wein mit modernen Kellereimethoden ausgebaut wird. – Die Badenwerk AG. mit verschiedenen Kraftwerksanlagen im Schwarzwald (rechts: Kraftwerk Häusern im Schluchsee-System) ist der wichtigste Stromlieferant Südwestdeutschlands.

Der Rheinhafen von Mannheim an der Mündung des Neckars in den Rhein ist nach Duisburg-Ruhrort der größte Binnenhafen Europas und für die Wirtschaft des Landes von hoher Bedeutung (unten). Die Badische Anilin & Sodafabrik (BASF) in Ludwigshafen am Rhein gehört zu den großen Chemiewerken Europas (rechts).

Durch die Rheintalautobahn (unten das Offenburger Kreuz) ist Baden mit dem europäischen Fernstraßennetz verbunden. Neben der Wasserstraße des Rheins und der Eisenbahn ist die Autobahn und das angeschlossene Straßennetz der dritte große Verkehrsträger, den das hochindustrialisierte Land Baden-Württemberg braucht. Für Baden als traditionelles Erholungs- und Ferienland Europas hat die Autobahn doppelte Bedeutung. Sie ermöglicht den Touristen eine schnelle Anreise, und sie verbindet das Grenzland Baden mit den Nachbarn in der Schweiz und im Elsaß, wo in Straßburg das Europa-Parlament an der politischen Einigung eines Europa arbeitet, das gerade für die Bewohner Badens keine Utopie, sondern eine in kleinerem Rahmen praktizierte Wirklichkeit ist, deren Wurzeln wiederum bis in die Vergangenheit des Landes zurückreichen.

Das Land und seine Geschichte

„Lange Zeit war Baden[-Baden] die Residenz der Markgrafen von Baden-Baden, und von dieser Stadt hat das ganze Großherzogthum seinen Namen erhalten."[19]

Vorgeschichte und Römerzeit

Für den Prähistoriker mag es reizvoll und verlockend in einem sein, den jeweiligen vorgeschichtlichen Zeitraum ins Ganze und Gesamte miteinzubeziehen. Doch für den ernsthaft Orts- und Landesgeschichte Betreibenden ist es nun einmal stets problematisch, wo denn überhaupt einzusetzen wäre.
In seiner „Darstellung der geschichtlichen Entwicklung Badens"[20] unterteilt W. Schwarz („Institutsvorsteher in Mannheim") diesen ältesten und älteren Zeitraum in drei Abschnitte: „1. die vorgeschichtliche Zeit, 2. die römische Zeit und 3. die alemannisch-fränkische Zeit." Freilich führt der Verfasser zurecht u. a. darin aus: „Unser engeres Vaterland hat eine so große und schicksalsreiche Vergangenheit wie nicht viel andere deutsche Länder." Unsere und damit die badische Topographie war den vor- und frühgeschichtlichen Ansiedlungen in mehrfacher Weise günstig: Klima und Bodenbeschaffenheit mochten mit dazu beitragen, daß öfters eine Erstbesiedlung bereits in derAltsteinzeit stattgefunden hat und heute mittels zufälliger oder systematischer Ausgrabungen nachzuweisen ist. Das gilt etwa ebensogut für das südbadische Mengen, Merzhausen und Emmendingen wie für das nordbadische Mauer oder nordostbadische Tauberbischofsheim. Für die jeweilig geeigneten Gegenden, müßte man präziser sagen. Doch ein Blick auf entsprechende Fundortkarten belehrt uns, daß größere und häufigere Ansiedlungen besonders in der Jüngeren Steinzeit (Neolithikum, bis 2000 vor Chr.) nachzuweisen sind (u. a. auch die Bodensee-Pfahlbauten). In der anschließenden Bronzezeit (etwa 2000–1000 vor Chr.) erlebten hierzulande „Natur und Mensch eine neue Wandlung der klimatischen Verhältnisse. Es wurde sehr warm... Es kam die Zeit, in der die Menschen entdeckten, wie man aus Kupfer und Zinn... die Bronze herstellen kann, um daraus Gefäße, Werkzeuge und Waffen"[21] zu gewinnen. Die entsprechenden Fundortkarten weisen neben Tuniberg und Kaiserstuhl und der Heidelberger Gegend Teilgebiete auf der Baar, im Hegau und im Bodenseeraum auf.[22]
Die Ältere (Hallstattzeit, 1000–500 vor Chr.) und die Jüngere (La Tènezeit, 500 vor – 50 nach Chr.) Eisenzeit schlossen an, und die Kelten bemächtigten sich unseres Landes. In dieser frühgeschichtlichen Epoche wird das Historische erstmals für uns greifbar, es kommt zu Berg- und Flußbezeichnungen, die auch heute noch gelten. Wieder sind es in erster Linie die klimatisch begünstigten Gegenden, die vorzugsweise besiedelt werden, indes dringt man nun auch in entlegenere Seitentäler und auf beherrschende Höhen vor: Ackerbau und Viehzucht, feste Häuser und Höfe, Bergwerkanlagen (möglichst im Tagbau) und Eisenschmieden sind aus diesem Zeitraum vielfältig nachweisbar.
Es verhält sich also keineswegs so, daß die von Westen und Süden her eindringenden Römer (ca. 50–260 nach Chr.) in einen leeren oder in einen „barbarischen" Raum stießen. Daß das künftige Baden mit ihnen von einer völlig neuen Kultur erfaßt und in vielfacher Weise gehoben wurde, soll deshalb nicht bestritten werden. Der jüngst erschienene Band „Die Römer in Baden-Württemberg"[23] mußte seine Schwerpunkte vorzugsweise im badischen Raum haben, schon deshalb, weil der Germanische bzw. der Rätische Limes seinen Verlauf an der Linie Miltenberg – Walldürn – Osterburken – Lorch (hier das Zusammentreffen der beiden Grenzwälle) – Aalen und dann in östlicher Richtung nahm. Man könnte großzügig es dahinaus formulieren, daß das Gebiet zwischen Hoch- und Oberrhein einerseits und dem Limes andrerseits ein ideales künftiges Baden abstecken. Das „Zehntland" läßt mit zwei Ausnahmen (einmal dem Nordostzipfel des späteren badischen Stiefels, zum andern Teile dem ebenfalls römisch besetzten Vindelicien und Rätien = Meßkircher und Überlinger Gegend) keine Stelle vom nachmaligen Baden aus. Ein Blick auf die Vorsatzkarten des oben zitierten Bandes läßt sogleich die zahlreichen Schwerpunkte römischer Besatzung und Ansiedlung erkennen. Da sind zunächst die Kastelle, nicht nur dem Limes entlang, vielmehr etwa im Norden auch Orte wie Ladenburg, Neckarburken, Wimpfen, im Süden Riegel, Breisach und Hüfingen. Alsdann die noch weit zahlreicheren Ausgrabungsorte und Bodendenkmäler, etwa Hockenheim, Söllingen, Königsbach, Ettlingen, Baden-Baden, Sasbach im nördlichen, Dinglingen, Badenweiler und etliche Hochrheinorte im südlichen Teil. Wohnstätten ebenso in Staufen wie in Schliengen und Auggen, in Burg und Kirchzarten, vielfach am Kaiserstuhl und nicht minder in der Ettenheimer Gegend, dichtgestreut um Offenburg und im Kraichgau, im Enzgau wie im südlichen Odenwald. Erinnert sei in diesem Zusammenhang auch an die römische Bäderkultur und ebenso an den Bau einer Rhein-Donau-Straße, die ihren Weg von Straßburg über Offenburg durchs Kinzigtal nach Rottweil und Tuttlingen genommen hat: „Die Römer trafen östlich des Rheines Kelten. Die antiken Nachrichten über die Bewohner zwischen Rhein und Donau sind spärlich..."[24]. An weiteren Straßenzügen sind in unserem badischen Raum dann vor allem die Routen Sasbach –

Riegel – Hüfingen sowie weitere Querverbindungen über Pforzheim zu nennen, ferner die beiden Hauptlängsverbindungen Ladenburg – Offenburg – Riegel – Basel sowie Rottweil – Hüfingen – Windisch.

Die alemannisch-fränkische Zeit und die Christianisierung

„Die Alemannen überrennen 233 n. Chr. den Limes" – dazu führt Haebler in seiner bereits zitierten „Badischen Geschichte" u. a. aus: „Die Eroberung des Zehntlandes durch die Alemannen erwies sich... für das alemannische Volk vom Main bis in das Allgäu als Finden einer neuen Heimat: Baden wurde zum Kernland der Alemannen... Erst beim dritten Vorstoß um 260 konnte der über 100000 Männer, Frauen und Kinder umfassende Stamm festen Fuß zwischen Rhein und Neckar fassen... Aber noch lange gab es in Angriff und Abwehr, im 4. und 5. Jahrhundert, Verschiebungen an den nordöstlichen Rändern des alemannischen Gebietes... Das bedeutete Kampf mit römischen Heeren. 357 wurden sie bei Straßburg von Julian geschlagen; Valentinian drängte sie 368 wieder nach Osten zurück. Aber um eine ernsthafte Eroberung des Zehntlandes ging es den römischen Kaisern nicht mehr. Sicherheit der Rheingrenze war ihr strategisches Ziel. Erst um 400 gaben sie auch ihre Kastelle am Rhein und an der Donau auf."
Man hat die Jahre 260–800 nach Chr. für unsern Raum auch als die „Alemannisch-fränkische Zeit" bezeichnet. Die Burgunder (Nibelungenlied!) hatten gegen Ende des 4. Jahrhunderts die im Rhein-Main-Gebiet siedelnden Alemannen bedrängt (sie fanden nach ihrer Niederlage durch die Römer und Hunnen in Savoyen eine neue und endgültige Heimat), ein späteres erneutes Vordringen der Alemannen nach Norden wurde indes von den vorstoßenden Franken verhindert. Um 500 war es so zu einer entscheidenden Auseinandersetzung zwischen Franken und Alemannen gekommen, in der die Alemannen durch den Frankenkönig Chlodwig eine folgenschwere Niederlage erfuhren: künftighin bleibt die Murg im Mittelbadischen eine eindeutige Stammes- und damit auch Sprachgrenze zwischen Franken und Alemannen, die freilich nicht nur im Badischen, sondern auch im östlich anschließenden Nagoldgau und Schwäbischen (= Suebischen) verläuft. Andrerseits, das muß hier eingeschoben werden, verhält es sich nicht so, daß die Alemannen auf den mittel- und südbadischen Siedlungsraum angewiesen bleiben, vielmehr drängen sie ebenso ins linksrheinische Elsaß wie in die nachmalige deutsche Schweiz. In den Jahren 500–800 kann man für den gesamtbadischen Raum von einer alemannisch-fränkischen Gaueinteilung sprechen: Ortenau, Breisgau, Baar, Albgau, Klettgau, Hegau und Linzgau diesseits, und Ufgau, Kraichgau, Teile des Enzgau, Lobdengau, Elsenzgau, Weingartau und Tauber- und Jagstgau jenseits der Murglinie.
Vereinzelt waren mit der römischen Kultur auch erste Zeugnisse des Christentums ins Zehntland gelangt. Die Franken hatten dann bereits unter Chlodwig den christlichen Glauben angenommen. „Die Alemannen blieben bis ins 7. Jahrhundert hinein im ganzen Heiden."[25] Nicht die Berührung mit den Franken bzw. deren zeitweise Herrschaft (besonders ab 746) – die iro-schottischen Mönche vielmehr christianisierten den mittel- und südbadischen Raum. Joseph Sauer[26] meint dazu u. a.: „Es handelte sich für die [fränkischen] Könige hierbei um Festigung ihres politischen Einflußes... Jhre Werkzeuge, die Mönche aus Jrland und Schottland, waren ihrem ganzen Charakter nach verschieden von den gallischen Mönchen" (die den Franken das Christentum gebracht hatten). Von besonders nachhaltigem Einfluß auf das badische Gebiet waren der heilige Fridolin (6. Jh., Säckingen), St. Trudpert (7. Jh., Münstertal), St. Landelin (7. Jh., Ettenheimmünster) sowie der heilige Kilian (7. Jh., Taubergrund). Die ältesten Klöster in Baden, aus einfachen Mönchszellen entstanden, dürften Schuttern, Ettenheimmünster, Honau, Schwarzach und Gengenbach gewesen sein. In der Mitte des 6. Jahrhunderts wurde der ursprünglich in Windisch errichtete erste oberrheinische Bischofssitz nach Konstanz verlegt, das dann unter Bischof Konrad (dem späteren Patron der Stadt und der nachmaligen Erzdiözese) seinen Höhepunkt erst Jahrhunderte danach (934–975) erlangte. Eine Sonderstellung nimmt der heilige Pirmin (nicht Ire, nicht Schotte, sondern Spanier) ein, insofern als er (im 8. Jh.) die bis dahin bestehenden Klöster nach der Benediktinerregel reformierte und das Kloster auf der Insel Reichenau gründete. Pirmin selbst mußte übrigens 727 die Insel verlassen (er begründete dann das Kloster Murbach im Elsaß), da ihm die alemannischen Herzöge feindlich gesonnen, jedoch blieb das Kloster selbst erhalten und entwickelte sich in den darauffolgenden Jahrhunderten zu einer Stätte hoher Kunst und Gelehrsamkeit. Schwieriger und langwieriger gestaltete sich die Christianisierung entlegener und unzugänglicher Landesteile, entsprechende Klostergründungen erfolgten etwa im 10. Jahrhundert (St. Blasien; Benediktiner), im 11. Jahrhundert (St. Peter; Benediktiner), im 12. Jahrhundert (Tennenbach; Zisterzienser) und im 13. Jahrhundert (Günterstal; adliges Frauenstift). Für den mittel– und nordbadischen Raum kam es zu einer tiefergreifenden Christianisierung von den Bistümern

Straßburg und Speyer aus, von nachhaltigem Einfluß waren hier auch das Kloster Lorch sowie die Bischofsstädte Worms, Mainz und Würzburg. Dort hatten vor allem der deutsche Apostel Bonifatius und der Angelsachse Winfried gewirkt; in Tauberbischofsheim „erstand im Jahre 724 ein der heiligen Lioba, einer Verwandten des Bonifatius, geweihtes Nonnenkloster."[27]

Zähringer Herzöge und Markgrafen

Die Zeit der Karolinger hatte eine erste Staatenbildung im fränkisch-alemannischen Raum gebracht: „Unter Karl dem Großen war das königliche Grundeigentum rechts und links des Rheins so groß, daß überall die Zentralmacht Vertreter einsetzen mußte, um den weiträumigen Besitz zu verwalten... Der Zerfall des Reiches Karls des Großen wirkte sich im alemannischen Raum in einer neuerlichen Stärkung des Volkherzogtums aus..."[28]. Zu Beginn des 10. Jahrhunderts war es zu wiederholten gewalttätigen Hunneneinfällen gekommen, die Herzöge erstarkten, nachdem sie für ihre Teilnahme an den Hunnenschlachten königlichen Grundbesitz zurückerstattet erhielten. So kommt es zu Beginn des 11. Jahrhunderts zu einer ersten Blüte der Hochadelsgeschlechter. „Im Oberrheintal gewinnt... die Grafenfamilie der Bertholde... überragende Bedeutung. Sie stammt zwar vom mittleren Neckar, wo sie in der zweiten Hälfte des 11. Jhs. das Kloster Weilheim... als ihre Grablege errichtet; ihr Machtzentrum entsteht aber [westwärts] auf der Baar und im Breisgau, wo sie erstmals 962 im Besitz der Grafschaft nachweisbar ist." Soweit der „Territorien-Ploetz Baden-Württemberg"[29]. In Ergänzung hierzu am besten der Altmeister badischer Geschichtsschreibung, Friedrich von Weech[30]: „Der älteste Sohn Herzog Bertholds I. des Bärtigen, Markgraf Hermann ..., ist der Stammvater der badischen Linie des Zähringischen Fürstenhauses. Wie im herzoglichen Hause der Name Berthold eine Reihe von Geschlechtsfolgen hindurch der herrschende ist, so im markgräflichen der Name Hermann."

Berthold I., Herzog von Kärnten, Markgraf von Verona, †1078, war der Vater Bertholds II. (Herzog von Zähringen, †1111) und über seinen erstgeborenen Sohn Hermann der Großvater Hermanns I. (Markgraf von Baden, †1139). Sein dritter Sohn war als Bischof von Konstanz Gebhard III. (†1110). Eine weitläufige Verwandtschaft mit den Hohenstaufen ist nicht auszuschließen. Doch zunächst zu den Zähringern. Der Stammvater Berthold I. hat sein herzogliches Lehen (Kärnten) wohl nie gesehen. Doch der Herzogstitel blieb seinem Stamm erhalten, weshalb sein Sohn Berthold II. den Herzogstitel auf seine Burg Zähringen übertrug („und wenn die Zähringer sich Markgrafen von Baden titulieren ließen [und später umgekehrt!], so nur deshalb, weil ihr Stammvater einmal Markgraf von Verona war."[31] Das Dorf Zähringen war übrigens zuerst. Wenngleich erst im Jahr 1008 (Trier) urkundlich erstmals erwähnt, dürfte es als alemannische Siedlung (dafür spricht schon die ingen--Endung) noch Jahrhunderte früher zurückreichen. Ob die althergebrachte These, derzufolge es von einem gewissen Zaro (Parallelen zu Tarodunum = Zarten?) begründet wurde, noch haltbar, bleibe hier dahingestellt. Als ursprüngliches Reichsgut kam Zähringen vor 1100 an das Geschlecht der Bertholde. Ursprünglich war ja das Herzogtum Schwaben den Bertholden von Kaiser Heinrich III. versprochen, von des Kaisers Witwe Agnes jedoch vorenthalten worden; der Sohn Berthold II. erbte somit seines Vaters breisgauische Besitzungen und nannte sich offiziell nunmehr (um 1100) Herzog von Zähringen. 1128 wird die Zähringer Burg erstmals urkundlich erwähnt; in der Folgezeit erwies sich allerdings die auf dem heutigen Schloßberg über der nachmaligen (1120 gegründeten) Stadt Freiburg erbaute Burg als die wichtigere, günstig gelegenere und größere; da die Zähringer Burg zudem auf Reichsboden lag, forderte sie Kaiser Friedrich II. nach dem Aussterben der Zähringer im Mannesstamm (1218) zurück. Die Bindeglieder der Zähringer Dynastie bis dahin: Berthold III. (†1122), Konrad (†1152), Berthold IV. (†1186), und der Letzte seines Stammes Berthold V. Als Erben betrachteten sich u. a. die Grafen von Freiburg (ursprünglich von Urach; vgl. u.), 1247 und 1278 war die Burg nachweislich zerstört worden (endgültig wohl im Bauernkrieg 1525).

Ein Blick auf die Karte „Staufische Städte des 12. Jahrhunderts"[32] zeigt uns im nachmaligen badischen Raum lediglich die Plätze Durlach, Ettlingen und Pforzheim, der mittel- und südbadische Raum muß leer bleiben, ein Beweis, daß die Zähringer diese Länder fest in Händen hielten und keine andere noch so mächtige Dynastie hier Fuß zu fassen und städtegründend zu wirken vermochte. Allerdings mußte ihr relativ frühes Aussterben unwillkürlich die Hausmachtinteressen der inzwischen längst zur Kaiserwürde aufgerückten Staufer intensivieren, was sich in der unverzüglichen Rückforderung sämtlicher zähringischer Reichslehen manifestierte (während das Erbgut zwischen den Schwägern Graf Egeno IV. von Urach und Graf Ulrich von Kiburg geteilt wurde: ersterer erhielt die rechtsrheinischen Besitzungen, letzterer diejenigen südlich des Rheines mit Ausnahme von Bern und Freiburg im Uechtland). Der Sohn Graf Egeno V. verlegte seinen Stammsitz daraufhin von Urach nach Freiburg, sein Geschlecht nannte sich in der Folgezeit „Grafen von Freiburg“ und erwarb auch die Vogtei über das Kloster St. Peter. Vorausgreifend wäre hier auch noch kurz auf die Weiterentwicklung dieses Hauses durch die Erbteilung (1235) von dessen beiden Söhnen Konrad und Heinrich einzugehen: während Konrad I. als Graf von Freiburg die Besitzungen im Breisgau erhält, übernimmt der jüngere Heinrich als Graf von Fürstenberg die Herrschaft über die freilich schwächer besiedelten Teile der Baar aus ehemals zähringischem Erbe: nach dem „vordersten Berg“ (dem Fürstenberg) nennt er sich ab 1250 Heinrich I. von Fürstenberg und wurde so der Ahnherr der heute noch zu Donaueschingen residierenden Fürsten zu Fürstenberg.

„Die Zähringer gehören zu den ältesten Adelsgeschlechtern Europas, doch bleibt ihre Geschichte bis zur Mitte des 10. Jahrhunderts fast ganz im Dunkel...“, bestätigt es Sütterlin („Geschichte Badens“), und damit ist erwiesen, daß auch die moderne Forschung hier nicht weiter vorstoßen konnte: „Deutlicher in Erscheinung treten sie zuerst als Grafen der Baar. 962 wird ein Graf Berthold oder Birchtilo (Koseform) als Graf im Breisgau genannt; er übt dort zugleich Vogteirechte für das Bistum Basel aus. Diese Vogteirechte scheinen ihm den Mooswald am Ausgang des Dreisamtales eingebracht zu haben...“. Dreißig Jahre später (992) „...gründet der Breisgaugraf Birchtilo in Sulzburg, wo schon zu alter Zeit Salz gewonnen wurde, ein Kloster des hl. Ciriakus und stattet es mit Gütern in Weiler [heute Badenweiler]... aus.“ (ebda.).

„Der Traum eines großalemannischen Reiches durch die Doppelstellung der Zähringer als Rektoren von Burgund, Inhaber der Reichsvogtei über Zürich und Herren der Schwarzwaldpässe vom Kinzigtal bis zum Hochrhein, schien, zeitweise in einer Ausdehnung, die das heutige Baden und die deutsche Schweiz zugleich umfaßte, keine bloße Utopie mehr zu sein... Die Zähringer der Herzogslinie haben als Städtegründer großen Stils, die mit der Begründung und Verleihung von Stadtrechten an Freiburg, Villingen und Offenburg [und Neuenburg] die ursprüngliche Kernstellung ihrer Macht... die Epoche planmäßiger mittelalterlicher Städtegründung in Deutschland eingeleitet... So konnten sie zeitweise eine führende Stellung im deutschen Südwesten einnehmen...“[33].

Es kann so keinesfalls als übertrieben angesehen werden, wenn Sütterlin (in seiner „Geschichte Badens“) sein achtes Kapitel „Die Zähringer als Staats- und Städtegründer“ überschreibt: „Zu den bedeutendsten Fürsten, die im deutschen Südwesten diese Entwicklung gefördert haben, gehörten die Herzöge von Zähringen. Schon unter Herzog Berthold II. [demnach ein gutes Vierteljahrhundert vor den ersten staufischen Stadtgründungen]... formte sich der Umriß einer flächenmäßig wachsenden zähringischen Herrschaft deutlicher heraus. Die Mittel dazu waren wie überall der Erwerb von Reichs- und Kirchenvogteien, Heiraten, die Beerbung aussterbender Adelsgeschlechter, die Gründung von Klöstern, Burgen und Städten, die Ansiedlung von Ministerialen [daher die zahlreichen Burgen bzw. Burgruinen im Land], der Ausbau der Straßen und eine planmäßige Landeserweiterung durch Rodung und Ansiedlung von Bauern.“ Sütterlin versagt es sich – in seinen Dimensionen sicherlich zurecht – keineswegs, auch auf die zähringischen Städtegründungen außerhalb des nachmaligen Landes und Staates Baden einzugehen, wir dürfen in diesem Zusammenhang kurz auf Bern, Burgdorf, Freiburg/Ue., Murten und Rheinfelden hinweisen.

Doch zurück zum Ausgangspunkt der badischen Markgrafendynastie: auf Hermann I. folgten vier weitere Hermann, Hermann V. (†1250) hinterließ zwei Söhne und zwei Töchter, welch letztere sich mit dem Grafen Ulrich von Württemberg und mit Ludwig II. von Lichtenberg verehelichten. Hermann II. (†1160) hatte bereits die Burg Hohenbaden erbaut: „Unten im Tal lag die alte Civitas Aurelia aquenses, deren Thermalbäder König Dagobert 712 dem Kloster Weißenburg geschenkt hatte... Hermann III. und Hermann IV. waren beide Kreuzfahrer...“[34].

Aber die Geschlechterfolge verkomplizierte sich: Markgraf Hermann VI. übernahm zunächst gemeinsam mit seinem Bruder Rudolf I. die Herrschaft über das väterliche Erbe. Ihre Mutter Irmingard (eine Welfin) hatte als Witwe 1248 das Zisterzienserinnenkloster Lichtental gestiftet, das nunmehr Grablege der markgräflichen Dynastie wurde (die Zähringer hatten zu diesem Zweck St. Peter gegründet). Nach dem Tod Hermanns VI. wurde Rudolf I. der alleinige Herrscher der Markgrafschaft. Durch Kauf, Tausch, Pfandschaft und kriegerische Unternehmungen hatte er den Besitz erheblich erweitern können. Seine Herrschaft bestand im wesentlichen aus den Städten Baden, Durlach, Ettlingen und Pforzheim, den Schlössern Grötzingen, Mühlberg und Steinbach samt den sie umgebenden Dörfern und Flecken, ferner aus den im Württembergischen gelegenen Städtchen Altensteig, Backnang und Besigheim sowie den Pfandschaften Eppingen, Laufen, Selz und Sinsheim. Besonders schwierig wurden für Rudolf seine Auseinandersetzungen mit den zunehmend im badischen Raum Fuß fassenden Habsburgern, indes kam durch Einheirat in die Habsburgische Verwandtschaft letztlich eine Versöhnung wieder zustande. Rudolf I. verstarb 1288, er war als ein Förderer der Minnesängerkunst und wegen seiner Mildtätigkeit von seinen Zeitgenossen gepriesen worden. Seine vier Söhne teilten sich in der Folge im Besitz des ererbten Landes,

was – mitsamt zahlreichen Fehden, insbesondere mit den Bischöfen von Straßburg – zu einer Schwächung von Macht und Ansehen des badischen Hauses führen mußte. Erst mit dem 1356 durch Rudolf V. (den „Wecker") geschlossenen Erbvertrag wurden weitere Teilungen einigermaßen gesteuert. Es galt nun nur noch die männliche Erbfolge, Töchter wurden mit einer Aussteuer von tausend Silbermark abgefunden; Verpfändungen waren nur noch unter Zustimmung von eigens bestellten Schiedsrichtern zulässig. Die Markgrafen von Baden – zunächst eine Seitenlinie der Zähringer – hatten ihren Markgrafentitel, das sei hier im Nachhinein vermerkt, von der Markgrafschaft Verona hergeleitet, zwar einerseits ein bloßer Titel, andrerseits doch Substanz genug, damit ihre Zugehörigkeit zum Reichsfürstenstand zu begründen.
Ein Blick auf die Gebietskarte des 13. Jahrhunderts zeigt uns bereits bzw. noch einen massiven Teil zähringisch-markgräflichen Besitztums. Den Rheinstrom entlang säumt „altbadisches" Gebiet im Norden in Höhe Bruchsal (dieses zum Bistum Speyer) bis zum Sausenberger und Röttelner Territorium im Süden (selbständige Linie bis 1503) mit nur geringen Unterbrechungen (des Bistums Straßburg und der Usenberger am Kaiserstuhl). Unter dem Markgrafen Rudolf VI. († 1372), war das gesamte Gebiet kurzfristig wieder in einer Hand, doch waren seine Söhne Bernhard I. und Rudolf VII. bei seinem Tod noch unmündig und der Vormundschaft ihres Oheims, des Kurfürsten und Pfalzgrafen Ruprecht I., unterstellt. Nach Mündigkeit dieser Söhne kam es zur vorübergehenden Erbteilung: Bernhard erhielt das Land um Durlach und Pforzheim, Rudolf die südlich gelegenen Gebiete um Ettlingen, Rastatt und Baden(-Baden). Doch bereits 1391 (zwei Jahre nach seiner Mündigkeit) verstarb Rudolf VII., so daß Markgraf Bernhard I. für weitere vierzig Jahre die Alleinherrschaft ausüben konnte. Mit Klugheit und Umsicht wußte er seine Besitztümer zu erhalten und zu vergrößern: vorübergehend wurde er durch Vermittlung des Königs Siegmund mit der Landvogtei im Breisgau belehnt, 1415 erwarb er von Otto II., dem letzten Zähringer der Hachbergischen Linie, die Herrschaft Hachberg sowie einige Gebietsstreifen im oberen Breisgau um 80000 Gulden. Damit hatte das markgräfliche Haus im Oberland erneut massiv Fuß gefaßt. Die dynastischen und territorialen Verhältnisse gestalteten sich hier ohnehin reichlich kompliziert. Zunächst noch zur „Markgrafschaft Hachberg": Heinrich I. hatte von seinem Vater, dem Markgrafen Hermann IV., Besitztümer im Breisgau (Herrschaft Hachberg bei Emmendingen) sowie Sausenberg erhalten und sich demzufolge Markgraf von Hachberg und Sausenberg genannt. Bei einer Erbteilung zwischen Heinrichs Enkeln erhielt Heinrich III. Hachberg und Rudolf I. Sausenberg; zu einer Herrschaft Rötteln-Sausenberg kam es nach dem Aussterben der Edelherren von Rötteln (1316); als zudem der letzte Graf von Freiburg, der auf der Zähringer Burg in Badenweiler residierte, 1444 verstarb, wurde Rötteln-Sausenberg ebenfalls zu dieser Herrschaft hinzugeschlagen: dieses Gebiet bildete in der Folgezeit die Basis des „Markgräfler Landes" (1503 wurde damit auch die Markgrafschaft Hachberg unter Christoph I. von Baden verbunden, dieser übereignete bereits 1515 die nördlichen Teile davon seinem Sohn Ernst, der in Sulzburg seine Residenz aufschlug).
Bevor wir uns um die weiteren Geschicke der altbadischen Besitzungen und Dynastieverhältnisse kümmern, müssen wir nun zumindest einen kurzen Blick auf die übrigen ins Gesamtgewicht fallenden Landesteile und wichtigsten Ereignisse werfen. – Von König Heinrich III. hatte der Bischof von Speyer die Lußhart erhalten, bereits 1192 verlegte er seine Residenz nach Bruchsal, dort erbaute er später das Alte Schloß. – Äußerst verwirrend gestalteten sich die Besitzverhältnisse im nachmaligen badischen Frankenland, einiges kam vorübergehend durch Kauf zur Herrschaft des Erzbischofs von Mainz, anderes zur Pfalz, einiges auch in den Besitz der Grafen von Wertheim und der Pfalzgrafschaft bei Rhein. Ruprecht I., 1353 Kurfürst von der Pfalz, gründete 1386, vier Jahre vor seinem Tod und nach ungewöhnlich langen Herrschaftsjahren, die Heidelberger Universität. Bereits 1329 war die Trennung der Pfalz (mitsamt mittel- und niederrheinischen Gebieten) vollzogen worden; Ruprecht I. vermehrte seinen auf nachmalig badischem Gebiet gelegenen Besitz u. a. durch den Erwerb von Ladenburg, Sinsheim und Mosbach. Im 16. Jahrhundert wurde unter Friedrich III. (dem Frommen) mit dem „Heidelberger Katechismus" (1563) ein gemäßigter Calvinismus eingeführt, dessen vorübergehende Auswüchse wenig später allerdings zu unüberlegter Bilderstürmerei und damit zur Vernichtung zahlreicher Kunstwerke führte.
In seiner „Landeskundlichen Übersicht" führt Friedrich Metz, der Herausgeber des umfassenden Bandes „Vorderösterreich"[35] u.a. aus: „...und ein besonderes Kennzeichen des habsburgischen Besitzes in den schwäbischen Vorlanden sind die vielen Städte, die inmitten fremden [in unserm Fall zum Teil markgräflichen] Staatsgebietes lagen. Es sei nur an die Städte Konstanz, Radolfzell, Villingen und Bräunlingen ... erinnert, während die Waldstädte am Hochrhein im räumlichen Zusammenhang mit dem Breisgau und Schwarzwald standen. Von diesen Städten nahmen Freiburg, Breisach, Konstanz, Villingen im wirtschaftlichen, kulturellen und politischen Leben des alten Reiches und des Habsburger Staates eine besondere Stellung ein ... Der Rheinübergang von Breisach besaß die

größte militärische Bedeutung ...". Wenn wir es uns versagen, auf die eigengeschichtliche Entwicklung dieses jahrhundertelang in unserm nachmaligen badischen Raum bestehenden Vorderösterreichs (wozu freilich auch Landschaften im Elsaß, in Schwaben und in Vorarlberg gehörten) einzugehen, dann vor allem deshalb, weil wir es uns nun einmal zum Ziel gesetzt haben, unsere hier konzipierte badische Geschichte vorab von den Wurzeln her – und damit aus der Entwicklung der Markgrafschaften heraus – zu gewinnen und so zu einem geschichtlich gewachsenen Ganzen zu verfolgen. So beschließt Hans Erich Feine[36] seine Betrachtung mit den Sätzen: „Wenn auch seine staatliche Geschlossenheit und kulturelle Gestaltungskraft der seiner Hauptgegner, des Herzogtums Württemberg und der badischen Markgrafschaften, nicht gleichkam, so hat es doch nicht nur die Geschichte dieser Länder im 19. Jahrhundert wesentlich befruchtet, sondern vor allem für das Fortleben des Reichsbewußtseins im 18. und 19. Jahrhundert Entscheidendes geleistet ...".

Hier muß auch noch der zunehmenden Vormachtstellung der Habsburger (nach dem Erlöschen der Staufer, endgültig 1268) gedacht werden. Rudolf von Habsburg, 1273 zum König erhoben, war, wie schon seine Vorgänger, darauf bedacht, den Besitz seines Hauses im Südwesten des Reiches zu erweitern: bereits 1254 hatte man die Vogtei über St. Blasien erwerben können, im 14. Jahrhundert gelangte man in den Besitz von Villingen sowie in die Pfandrechte u. a. der Städte Breisach und Neuenburg, die Herrschaften Triberg und Kenzingen konnten gekauft werden, und mit der Annahme habsburgischen Schutzes durch die Stadt Freiburg (1368) war die Gesamtherrschaft über den Breisgau (= Vorderösterreich) auf Jahrhunderte vollzogen. – „Das Gebiet des heutigen Badens wurde zum ‚Land der Zaunkönige', zu einem Bereich grenzenloser Aufteilung kleinstaatlicher Gebiete ... Zwar schien es unmittelbar nach dem Interregnum [1273] so, als ob die Habsburger sich anschicken würden, das staufische Erbe ... anzutreten. Der Rest der oberrheinischen Besitzungen ... Teile der Ortenau, der Breisgau ... die Waldstädte des Schweizer Grenzgebietes am Hochrhein, Rheinfelden, Säckingen, Laufenburg und Waldshut, die Besitzungen am Bodensee – sank damit zu einem ‚Vorderösterreich' herab, das ... in sich selbst aber nur noch lokal begrenzte Bedeutung und Kraft besaß. – Die markgräfliche Linie der Zähringer behauptete sich in Baden-Baden, der Markgrafschaft Hachberg um Emmendingen und dem Markgräflerland um Badenweiler und Rötteln ...", soweit Herzfeld („Das Land Baden"). Überspitzt könnte man es dahin formulieren: weil unser Land bzw. dessen einzelne Teile und Landschaften so sehr begehrt waren, kam es zum unglückseligen und mitunter kleinkarierten Partikularismus. Es brauchte gar nicht erst der Reformation und Gegenreformation, diese Situation zu fördern, wenn nicht gar ad absurdum zu führen. Vergessen wir dabei auch nicht die letztlich schwierige, wenn nicht oft unhaltbare Lage der Reichsstädte, deren kleinste, Zell am Harmersbach, ja auch in unserm Land gelegen.

Bauernkrieg – Reformation – Humanismus

Das Zeitalter der Bauernkriege bewirkte das seine. Ein Jahrhundert zuvor hatte zu Konstanz (1414–1418) das Konzil stattgefunden, es gab drei Päpste und die widergesetzliche Verbrennung von Hus, wie sie dann der Pfälzer Kurfürst Ludwig III. als Stellvertreter des Kaisers zu überwachen hatte. Und freilich war diese Stadt Konstanz damit vorübergehend zu einem Mittelpunkt der Welt oder doch des Abendlandes geworden, aber die Wirren der Zeit und der Anschauungen forderten nicht zuletzt in sittlicher Hinsicht ihren langfristigen Tribut. Ohne dem Verlauf der Geschichte vorauszugreifen, sei hier bereits vermerkt, daß die Stadt im 16. Jahrhundert auf ihre Rechtsfreiheit verzichten mußte und mehr und mehr zu einer vorderösterreichischen Landstadt absank.

Im Bauernkrieg war ein Großteil der nachmaligen badischen Lande zu einem Brennpunkt damaligen Geschehens geworden. Waldshut etwa wurde zum Mittelpunkt religiöser und politischer Wirren, die Baar hatte unter den Fürstenbergern nach der Niederschlagung des Aufstandes schwer zu büßen, im Breisgau regierte der Bundschuh (Lehen) ohne anhaltenden Erfolg, die Pfinztäler und Kraichgauer Bauern (Joß Fritz) rebellierten ohne Ergebnisse, und weder ein Götz von Berlichingen noch ein Florian Geyer konnten Dauererfolge erzielen.

Folgen wir dem Resümee Sütterlins („Geschichte Badens"), so sind wir über die insgesamt geringen Resultate der Bauernerhebungen in unserm Land angesichts des vielen Blutvergießens und der allenthalben häufigen Zerstörungen der Burgen und Adelssitze (die die Bauern in der Folgezeit zum Teil wiederaufbauen mußten) einigermaßen enttäuscht: „Nur wenige Fürsten ... kamen den Bauern entgegen und milderten die Lasten. In den meisten Fällen wurden den verarmten Bauern Entschädigungssummen auferlegt, an denen sie jahrzehntelang zu tragen hatten ... Von jetzt an trat der Adel [hier der niedere Landadel gemeint] in den Dienst der Fürsten, denn diese waren die Gewinner der verunglückten Revolution ...".

Das Zeitalter der Reformation brachte dem badischen Stammhaus schließlich erneute Zweiteilung, verschärft durch verschiedene Konfessionen. Markgraf Christoph I. (1475 bzw.

1488–1527) vereinte während seiner langen Regierungszeit gewissermaßen letztmals auf Jahrhunderte die Markgrafschaft, sein Sohn Philipp I. verstarb bereits 1533, nunmehr teilten sich dessen Brüder Bernhard III. und Ernst die ererbten Lande: es entstanden so die katholische Markgrafschaft Baden-Baden und die protestantische Markgrafschaft Baden-Durlach. Das alles ein knappes Jahrhundert nach dem heldenhaften und beispielhaften Leben Bernhards II. (des Seligen; 1428 bis 1458), der zu Gunsten seines Bruders auf seine Regierung verzichtet hatte und in die Dienste des Kaisers Friedrichs III. und der Türkenbekämpfung getreten war. „Schon ein Jahr nach der Erbteilung ... starb der Baden-Badener Markgraf Bernhard III.... Er hinterließ zwei unmündige Söhne: Philibert und Christoph. Der erstere erhielt Baden-Baden und Sponheim ... Philibert führte zunächst in Lahr und Gernsbach die neue Lehre ein, aber bald wandte er sich von der Reformation wieder ab; damit begann das Hin und Her des befohlenen Glaubenswechsels in der Baden-Badener Markgrafschaft ...“[37].

Es wäre nun gar zu mühsam, die Erbteilungen und Glaubenskämpfe im einzelnen darzulegen und zu verfolgen, statt dessen sei uns ein nachträglicher Blick auf die positiven Seiten der Humanisten und Reformatoren gestattet. An erster Stelle muß hier Pforzheim mit seiner vorbildlichen Humanistenschule und vorzeitigen Ordens- und Klosterreform genannt werden. Namen wie Reuchlin (* 1455 in Pforzheim) und Melanchthon (aus dem benachbarten Bretten, ein Großneffe Reuchlins) ragen in die überregionale, damals internationale Gelehrtenrepublik hinein. Auch im benachbarten Straßburg und Basel tat sich Außergewöhnliches im Hinblick auf Humanismus und Renaissance, erinnert sei in diesem Zusammenhang vorweg an den mehrjährigen Aufenthalt des Erasmus von Rotterdam in Freiburg im Breisgau sowie an das Wirken eines Glarean und Zasius ebenda.

In seinem fünfzehnten Kapitel geht Sütterlin („Geschichte Badens“) auf „Universitäten und Humanismus am Oberrhein im ausgehenden Mittelalter“ ein; nachdem er über die relativ frühen Gründungen von Heidelberg (1386 – „erste Universität auf Reichsboden“ – vgl.o.) und Freiburg (1457 – unter habsburgischer Herrschaft) ausführlich referiert hat, bedauert er das Verhaftetbleiben dieser neuen überregionalen Bildungsstätten in letztlich spätmittelalterlichem Denken und in der Vorstellungswelt weitgehend scholastisch-klerikaler Haltung. Dem scheint nur bedingt zuzustimmen zu sein, spricht doch Sütterlin selbst einmal davon, in welcher Weise sich die „Humanisten ... als eine geistige Elite“ fühlten, „die keine nationale Grenze kannte“ und wie „gerade der deutsche Humanismus ... viel zur Erweckung eines neuen deutschen Nationalgefühls beigetragen hat ...“ – aus der Zeit heraus kann der in unserm Land rege um sich greifende Geist des Humanismus zwar nicht als eine Parallele zur italienischen Renaissance, aber doch als deren Abglanz und entsprechende Weiter-, bzw. Andersentwicklung gewertet werden.

Hier ist der Ort, auch noch kurz des „Dr. Faust in badischen Landen“[38] zu gedenken: einmal müssen Boxberg (umfangreichste Faustsage), alsdann Staufen im Breisgau genannt werden (Todesort, wenngleich von mehr legendärem Wert), zum andern Heidelberg, wohin uns „die Spuren eines geschichtlichen Faust, der dort zu Beginn des 16. Jahrhunderts sich aufhielt“ unweigerlich führen. Wir wollen deshalb keinen badischen Faust kreieren, vielmehr nur dartun, wie sehr unser Land auch an solch zwielichtig-populären Gestalten jener Übergangsepoche partizipierte.

Nach wie vor wird das Fehlen einer starken übergeordneten Macht von Adel, Städten und Klöstern dazu benutzt, sich jeweils möglichst uneingeschränkten Herrschaftsbereich zu schaffen, mitunter gelingt es auch, sich eine neue Reichsunmittelbarkeit zu erhandeln. Gemäß der 1500 in Kraft tretenden Reichsreform kommt es zu neuen Gebietseinteilungen, das nachmalige badische Gebiet partizipiert in der Hauptsache am Schwäbischen und Österreichischen Kreis. Vom Oberrheinischen Kreis gilt: „Wie wohl die beträchtlichsten Länder, um deren Willen dieser Kreis das Beywort oberrheinisch hat, nicht mehr unter dem deutschen Reiche stehn“[39].

Sütterlin stellt in diesem Zusammenhang zurecht die für ihn enttäuschende These auf: „Hatte Christoph I. [† 1527] noch einmal die gesamten [damaligen] badischen Lande [auch Hachberg-Sausenberg] in seiner Hand vereinigt, so verhinderte die von ihm vorgesehene Teilung der Markgrafschaft ihren Aufstieg zu einer bedeutenden Herrschaft im Reich ...“ und: „Mit dieser Vereinbarung [von 1535] blieb die Markgrafschaft bis 1771 getrennt ...“.

Dreißigjähriger Krieg und Erbfolgekriege

Der Dreißigjährige Krieg hat die nachmaligen Gebiete des Landes Baden verhältnismäßig spät, doch dann desto härter und grausamer erreicht. Den makabren Höhepunkt bilden die Kämpfe zwischen den Kaiserlichen und den Schweden und Franzosen, will heißen, den bunt zusammengewürfelten Söldnerscharen, wie sie uns Grimmelshausen so lebhaft schildert. Die Markgrafschaft Baden-Baden wird nach drei Regierungen von kurzer Dauer vom Markgrafen Wilhelm (1622 – 1677) beherrscht. Nach der Schlacht von Wimpfen (1622) hatte der

Markgraf Georg Friedrich von Baden-Durlach aus seinem Land flüchten müssen, Erbstreitigkeiten mit seinem entfernten Verwandten Wilhelm zwangen ihn schließlich zu völligem Verzicht, was zur Folge hatte, daß die Untertanen wieder einmal ihre Konfession zu wechseln hatten – aber schon nach zehn Jahren (1632) bestimmte der schwedische Kanzler Oxenstjerna, daß Baden-Baden erneut der protestantischen Linie der Durlacher zufalle, zwei Jahre später, nach der siegreichen Schlacht der Kaiserlichen bei Nördlingen, kehrte der katholische Markgraf Wilhelm samt den vertriebenen Jesuiten zurück: man hatte abermals sein Bekenntnis zu ändern!

Besonders hart wurden von den Eroberungszügen Bernhards von Sachsen-Weimar Freiburg und Breisach betroffen, letzteres ward in viermonatiger Belagerung ausgehungert. Die Franzosen brandschatzen ihre Eroberungen und deren Umgegend, den Breisgau, die Schweden arrangieren ihre Plünderungs- und Zerstörungszüge vom Hohentwiel aus. Im Westfälischen Frieden kommt Breisach an Frankreich, Freiburg aber wird Regierungssitz für Vorderösterreich. Größere Gefechte gibt es 1638 etwa bei Kenzingen und Wittenweier im Mittelbadischen, bei Willstätt 1632, 1634 und 1641, bei Heidelberg 1622, 1633 und 1634, bei Durlach 1622, 1634, 1643 und 1645.

Doch statt weitschweifiger Aufzählungen lassen wir entschieden eindrucksvoller Grimmelshausen in seinem großteils in unserer Gegend heimischen „Abenteuerlichen Simplicissimus" zu Wort kommen: „Mit dergleichen Worten und Gedanken folgte ich Olivier in ein Dorf, darin keine lebendige Kreatur war; da stiegen wir des fernen Aussehens halber auf den Kirchturm ... sahen wir eine Kutsche samt zweien Reutern das Land heraufkommen; derohalben stiegen wir vom Kirchturm und satzten uns in ein Haus, das an der Straße lag und sehr bequem war, die Vorüberreisende anzugreifen. Mein Rohr mußte ich zum Vorrat geladen halten; Olivier aber legte mit einem Schuß gleich den einen Reuter und das Pferd, eh sie unsrer inwurden ... und indem ich mit überzognem Hahn den Kutscher halten und absteigen gemacht, sprang Olivier auf ihn dar und spaltete ihm mit seinem breiten Schwert den Kopf voneinander bis auf die Zähne hinunter, wollte auch gleich darauf das Frauenzimmer und die Kinder metzgen, die in der Kutsche saßen und bereits mehr den toten Leichen als den Lebenden gleich sahen ... Als wir solche [Pferde] angebunden hatten und ich mich ein wenig umschaute, sah ich unweit von uns einen Kerl stockstill an einem Baum stehen; solchen wiese ich dem Olivier und vermeinte, es wäre sich vorzusehen. ‚Ha, Narr!' antwortet er, ‚es ist ein Jud, den hab ich hingebunden; der Schelm ist aber vorlängsten erfroren und verreckt.'"

Der Dreißigjährige Krieg ist zwar keine badische Angelegenheit, aber er wollte von unserm Land, das in vielen Teilen so hart betroffen, bewältigt sein. Die Bevölkerung hatte sich mitunter auf die Hälfte, ja auf ein Viertel des Vorkriegsstandes dezimiert, das flache Land war ausgeplündert, geschlossene Ortschaften gebrandschatzt, zahlreiche Städte zumindest teilzerstört. Man hätte sich eine langanhaltende Karenz- und Rekreationszeit gewünscht – statt dessen brachten die nachfolgenden Dezennien, ja man kann sagen, das darauffolgende Säkulum gerade für die Landschaften am Oberrhein neue Drangsale und oft noch schwerwiegendere Verheerungen und Vernichtungen. Im Zeitalter Ludwigs XIV. folgte ein Krieg auf den andern, und immer wieder mußten auch Teile unseres badischen Landes als Kriegsschauplatz und Verwüstungsstätten herhalten.

1663 waren die Türken in Ungarn bis zur Festung Neuhäusel vorgedrungen, Kaiser Leopold hatte in aller Eile die Aufstellung eines Reichsheeres in die Wege geleitet und seinem Feldmarschall Markgraf Leopold Wilhelm von Baden mit der Ernennung zum Generalfeldmarschall den Oberbefehl über seine Truppen erteilt. Auch der Sohn des Markgrafen, Friedrich VI. (von Baden-Durlach), nahm als Generalwachtmeister an diesem Feldzug teil. Noch bevor das Reichsheer im Mai 1664 ins Feld zog, „erwies Kaiser Leopold auf dem Reichstag zu Regensburg am 11. April den badischen Markgrafen eine ganz besondere Auszeichnung, indem er ihnen den Titel ‚Durchlaucht' verlieh ...".[40] Die entsprechende Urkunde dürfte zeit- und dynastiegeschichtlich interessant und aufschlußreich genug sein, daß wir aus ihrem Wortlaut zitieren: „... der hochgeborenen Wilhelmen und Friederichen, beede regierender Marggrafen zu Baden und Hochberg, Baden-Badisch- und Baden-Durlachischer Linien ... nit allein aus königlichem und zugleich mit Unserm Ertzhaus aus dem uralten Habspurg- und Zähringischen Stamm ... Hierumb so haben Wir gedachter Wilhelmen und Friederichen ... den Titel, Prädikat und Ehrenwort ‚Durchleuchtig' geben ..." (nach Hofmann). Dieser Titel vererbte sich schließlich bis auf den Markgrafen Karl Friedrich, der dann 1803 vom Kaiser die Kurfürstenwürde erhielt (vgl. u.).

Ein umfassendes und unbestechliches Bild der Situation und der Zustände dieser Übergangsperiode in den Stammlanden des nachmaligen Badens gibt uns Eberhard Gothein[41]. Behandelt er im ersten Teil seiner Darstellung „Das Land und die Fürsten", so geht er im zweiten Teil auf „Städte und Gewerbe" ein. „So blieb denn die Markgrafschaft, ob vereinigt, ob getrennt, ein echter Patrimonialstaat ... Auf langer Linie lagen diese Stücke, untermischt mit fremden Territorien ... verstreut und unregelmäßig wie die Parzellen eines Bauerngutes auf einer unbereinigten Ackerflur. Das Kernland, von dem das Fürstenhaus und daher auch sein Staat den Namen trug, aus der alten Landgrafschaft im Uffgau entstanden, bildete ein leidlich zusammenhängendes Gebiet von Bühl bis Graben, von Pforzheim bis Mühlburg ... Hier lagen auch die vier Städte des Fürstentums, Pforzheim, Baden, Ettlingen, Durlach ... Im Oberland ... lag die Markgrafschaft Hachberg, ein schmaler Streifen, der die Nordhälfte des Kaiserstuhls, ein kleines Stück des ebenen Breisgaues und einige Schwarzwaldtäler umfaßte, der Rest der alten Landgrafschaft, die einst das beste Stück des zähringischen Besitzes ausgemacht hatte ...". Eine weitere Detaillierung der Machtverhältnisse unter den einzelnen Markgrafen müssen wir uns im Bewußtsein des Episodischen solcher Entwicklungen und über dem Blick auf erst nachmalig einsetzendes Gesamtgeschehen hier leider versagen. Indes sei aus der Gotheinschen Darstellung des Kulturgeschichtlichen jenes Jahrhunderts doch noch einiges festgehalten: „Bis auf Markgraf Christoph [I., † 1527] war das städtische Leben in der Markgrafschaft sehr schwach entwickelt gewesen. In den oberländischen Besitzungen blieb dies auch weiterhin so. Emmendingen ... Schopfheim, Sulzburg ... hatten nur den Namen von Städten ...". Lediglich Pforzheim hat sich in dieser Zeit zu einer Stadt von wirklicher Bedeutung entwickelt; trotz Marktrecht und eigener Gerichtsbarkeit konnten die übrigen Orte zunächst keine gesicherte Stellung erlangen („... die Freiheit der Selbstbestimmung der Städte war knapp bemessen ... Ettlingen und Durlach ... blieben Landstädte ... in Baden herrschte die Hofhaltung und die Beamtenschaft ... vor ... Nur durch Förderung der Gewerbe konnte man hoffen, die Landstädte in die Höhe zu bringen ...", Gothein, vgl. o.). Nachfolgend wird vor allem auf die an Bedeutung gewinnende Tuchmacherei und Leinenweberei eingegangen; naturalwirtschaftliche Gesichtspunkte bestimmen freilich zunächst auch hier die Möglichkeiten. Das Zunftwesen erschöpfte sich vorwiegend in lokalen Verbänden, am angesehensten war der Bund der Steinmetzen und Maurer, am ehesten hatten die Kupferschmiede und Ofensetzer einige Sonderrechte erreichen können. Erst ausgangs dieses 16. Jahrhunderts kam es im Hachbergischen (1584) und nachmalig auch in Baden(-Baden) (1590) zur Herausbildung von Landeszünften. Immerhin, so kann es Gothein resümieren, Verwaltungsdenken und Zunftbewußtsein, wie es in dieser Epoche neu aufgekommen war, „... sollte auch die Verwüstungen des Dreißigjährigen Krieges überdauern ...".

„Das Jahr 1677 bringt in Durlach Markgraf Friedrich Magnus (gest. 1709), in Baden Markgraf Ludwig Wilhelm (gest. 1707) zur Regierung. Während Friedrich Magnus sich dem Ausbau seines Territoriums widmet, die Behördenorganisation reformiert ... Hugenotten, Wallonen und Waldenser ... ansiedelt, steigt Markgraf Ludwig Wilhelm von Baden-Baden im kaiserlichen Kriegsdienst zum Generalfeldmarschall (‚Türkenlouis') auf ..."[42]. Gewissermaßen als Vorspiel kann der Zug des französischen Generals Turenne im Zusammenhang mit dem „Holländischen Rachekrieg" (1672 – 1678) angesehen werden: 1674 war die Kriegserklärung des Reiches an Frankreich erfolgt, die französischen Eroberer fielen u. a. in Philippsburg und Ladenburg ein, verwüsteten Teile der Pfalz und zogen sich schließlich über Schwetzingen zurück. Der Durlacher Markgraf belagerte 1676 Philippsburg, das am 17. September fiel und dem Reich übergeben wurde. Turenne war 1675 in einem Gefecht bei Sasbach gefallen (sein Denkmal steht noch heute; lange Jahre französische Enklave). Eine französische Armee unter Monclar schlägt bei Willstätt die deutsche Nachhut. 1679 kommt es zum Frieden von Nimwegen: Frankreich behält Breisach und gewinnt Freiburg dazu, Philippsburg bleibt in deutscher Hand. – Noch verheerender wirkt sich der „Pfälzische Erbfolgekrieg" für den badischen Raum aus. Während der Türkenlouis im Osten des Reichs für Habsburg und gegen die Türken kämpft, sind die Truppen Ludwigs XIV. in sein Land eingedrungen. Die Reichstruppen ziehen sich in die Heilbronner Gegend zurück und geben das nordbadische Land den Verwüstungen unter Duras und Mélac preis (1689 Zerstörung Heidelbergs und Rastatts). Lediglich Zell am Harmersbach kann den französischen Angreifern widerstehen. In Stadt und Amt Durlach wohnten 1698 beispielsweise nur noch 339 Bürger, die meisten badischen Dörfer gingen in diesen katastrophalen Kriegsjahren in Flammen auf. Im Frieden zu Ryswyk erhält das Reich indes die Orte Philippsburg, Kehl, Breisach und Freiburg zurück, was dem Türkenlouis zu verdanken war, der mit den allerdings sehr dezimierten Reichstruppen zunehmenden Widerstand leisten konnte. Doch schon 1701 bis 1714 wütete der „Spanische Erbfolgekrieg". Der Türkenlouis erhält den Oberbefehl am Rhein. 1702 kommt es zur Schlacht bei Friedlingen, im darauffolgenden Jahr greift Marschall Villars vergeblich die Bühl-Stollhofener Linien an, er muß sich auf Offenburg zurückziehen. 1707 stirbt der Türkenlouis, im selben Jahr wird die Verteidigungslinie auf Höhe Ettlingen zurückgenommen. Für ihren fünfjährigen Sohn Ludwig Georg führt die Witwe Markgräfin (Franziska) Sibylla Augusta die Regierung mit diplomatischem Geschick. Im Frieden zu Rastatt (1714) wird im wesentlichen der Friede von Ryswyk bestätigt. Im darauffolgenden Jahr gründet der Durlacher Markgraf Karl Wilhelm im Anschluß an den Bau eines neuen Residenzschlosses Karlsruhe, „für Lutheraner, Reformierte, Katholiken und Juden" werden von ihm „in Übereinstimmung mit einem Toleranzedikt von 1722 Kirchen bzw. Bethäuser errichtet"[43]. – Indes kommt das Land infolge des „Polnischen Erbfolgekrieges" (1733 – 1735) nach wie vor nicht zur Ruhe. Der 71jährige Prinz Eugen übernimmt den Oberbefehl am Rhein, er muß sich indes mit seinen geringen Truppen über Bruchsal nach Heilbronn zurückziehen. Schon im Mai 1734 erfolgt die Einnahme der Ettlinger Linien durch die Franzosen. Der vom Prinzen Eugen vorgesehene Entsatz der Festung Philippsburg mißlingt, man entschließt sich zu rasch ausgehobenen Verteidigungslinien im Schwarzwald. – Im „Österreichischen Erbfolgekrieg" schließlich (beendet durch den Frieden zu Aachen 1748) geben die Franzosen nochmals ein kurzes Zwischenspiel im Südbadischen, 1744 hatten sie Freiburg nochmals eingenommen und es bei ihrem endgültigen Abzug (1745) als Festung unbrauchbar gemacht.

Das Zeitalter Karl Friedrichs – von der Markgrafschaft zum Großherzogtum

Mit der außergewöhnlich langen Regierungszeit des Karlsruher (Durlacher) Markgrafen Karl Friedrich (* 1728, Regierungsantritt 1746, † 1811) konsolidiert sich der künftige gesamtbadische Staat, das nachmalige Großherzogtum Baden. 1738 war der Großvater Markgraf Karl III. Wilhelm nach fast dreißigjähriger Regierungszeit verstorben, die Vormundschaft übernahm dessen Witwe, da der Vater, Erbprinz Friedrich, bereits 1732 verstarb und die Mutter seit der Geburt eines zweiten Sohnes unheilbar geisteskrank. An seinem 18. Geburtstag war Karl Friedrich im Hinblick auf seine möglichst rasch anzutretende Regentschaft vom Kaiser für mündig erklärt worden. Der Umfang seines ererbten Landes war bescheiden genug: auf nicht ganz 30 Quadratmeilen an die 90000 Einwohner mitsamt einem entsprechenden Truppenkontingent von 300 Soldaten (die er im Siebenjährigen Krieg ironischerweise der Reichsarmee zur Verfügung stellen mußte – als evangelischer Fürst mochte er insgeheim auf den Sieg Friedrichs des Großen hoffen – eine Niederlage der Preußen wäre für den ringsum von katholischen Ländern umgebenen Markgrafen gewiß nicht von Vorteil gewesen!). Doch das Glück war ihm günstig, auch durch die Tatsache, daß die Baden-Badener Linie mit dem Tod des Markgrafen August Georg, dem bereits 10 Jahre zuvor verstorbenen Bruder Ludwig Georgs und zweitem Sohn des Türkenlouis, 1771 ausgestorben war. „Markgraf Karl Friedrich, der Enkel des Gründers von Carlsruhe, ererbte alle Länder und Rechte der erloschenen Linie. Dieser Anfall war die beste Belohnung seiner Regentenwohlthaten, welche er nun auch auf seine neuen Unterthanen ausdehnen konnte ... Karl Friedrich sollte auch der Heimath seiner großen Ahnen, wo noch der alte Thurm des Stammsitzes von Zäringen stolz seine Zinnen ... erhebt ... wo Freiburg, wo Neuenburg, Villingen, Offenburg und Haslach, die zäringischen Schwesterstädte, ihrer Gründer ... sich dankbar erinnern; Karl Friedrich sollte den schönen Breisgau mit Theilen des Schwarzwaldes und der Ortenau zu den badischen Erblanden wieder vereinigen ..."[44]. Zur Ergänzung solch zeitbedingter Hymne am besten den kritischeren Friedrich von Weech[45]: „Freilich nach heutigen Begriffen war er keineswegs liberal gesinnt. Der fürstliche Wille – davon war er auf das Tiefste durchdrungen – sollte absolutes Gesetz sein und sich nicht nur jeder Opposition, sondern auch jeder Kritik des Mehrtheils der Bevölkerung entziehen." An anderer Stelle indes: „Es ist in der That mehr als eine bloße Schmeichelei, wenn Schöpflin sagt, man müsse die Badener beglückwünschen, unter einem solchen Fürsten zu leben, der danach angethan sei, eine neue Aera zu begründen, welche dereinst die Nachwelt das goldene Zeitalter Badens nennen werde. Und mit voller Wahrheit konnte bei der akademischen Trauerfeier nach Carl Friedrichs Tode Rotteck sagen: ‚Welcher Fürst aufrichtig geliebt wird, derselbe ist auch würdig der Liebe.'" Und L. Jung[46]: „Bald setzte seine geistige Reife alles in Erstaunen. Der Achtzehnjährige konnte vielen in der Staatskunst erfahrenen Herrschern an die Seite gestellt werden." Und aus heutiger Sicht: „... in seiner Jugend auf zahlreichen Auslandsreisen gebildet [Kavalierstour u.a. nach Lausanne, Holland, Frankreich], ist entschiedener Anhänger der von ihm in eigenen Schriften vertretenen physiokratischen Lehre, hebt durch Anlage von Mustergütern, Landstraßen und Kanälen ... den Wohlstand des Landes [Goethes Schwager Schlosser als Oberamtmann in Emmendingen] und bessert durch Einführung der Volksschulpflicht, Gründung von Seminaren für Pfarrer und Lehrer die geistig-sittliche Verfassung der Bevölkerung. Nach englischem und preußischem Vorgehen schafft er 1767 die Folter ab ... hebt [er] 1783 die Leibeigenschaft auf."[47]

Ergänzend hierzu: unterirdische Gefängnisse durften während der Regierungszeit Karl Friedrichs nicht mehr benutzt werden, gemeingefährliche Verbrecher wurden allerdings in Stock und Block oder in Ketten gelegt. Leichtere Vergehen konnten zunehmend mit Geld gebüßt werden. Das Umherfahren gefallener bzw. unzüchtiger Mädchen auf dem Schandkarren wurde eingestellt. Körperliche Züchtigungen verschärften allerdings mitunter noch die Gefängnisstrafen. 1767 trat an Stelle der „Willkomm- und Abschiedsprügel" die Brandmarkung. In den Zuchthäusern wurden die Gefangenen meist mit Spinnen beschäftigt. Verstümmelnde Strafen waren aufgehoben. Die Todesstrafe wurde durch Enthauptung vollzogen.

Es kann hier nicht unsere Aufgabe sein und würde den gesteckten Rahmen unserer Darstellung sprengen, wollten wir uns mit der Regierungspraxis Karl Friedrichs im einzelnen vertraut machen. Statt dessen dürfen wir doch einige wesentliche Sätze aus dem „Versuch einer kurzen Darstellung der Form der Markgräflich-Badischen Staats-Praxis"[48] zitieren: „Die äußere Sicherheit des Badischen Staates wird begründet und erhalten a.) durch die Verbindung desselben mit dem deutschen Reich und mit andern Staaten; b.) theils durch Unterhaltung des – zur Vertheidigung des Staats gegen äussere Angriffe erforderlichen Militairs, dessen Geschäfte die badische Militärpraxis bilden; c.) theils durch Handhabung der Landes, Hoheit und Regalien gegen fremde Eingriffe ... 1) ein ReichstagsGesandter ..., 2) Die schwäbische KreistagsGesandtschaft ..., 3) Die oberrheinische KreisGesandtschaft zu Frankfurt am Main ..., 4) Ein an dem Römisch-kaiserlichen Hof zu Wien residierender Minister ... Einen Residenten am königlich-preussischen Hofe zu Berlin ... einen ausserordentlichen Gesandten bei der französischen Republik zu Paris ... Uebrigens hat der Regent die Ernennung zu militärischen Chargen und die allgemeine Aufsicht über das Militär seiner eigenen Sorge, so wie die – mit den Kriegssachen verbundenen – Geschäfte seinem GeheimrathsKollegium vorbehalten ... Die Annahme der Räthe und Assessoren bei allen, dem Regenten unmittelbar untergeordneten Collegien ... hat der Regent sich für das GeheimrathsKollegium vorbehalten ...". Unter den Aufgaben der „Jnneren StaatsPraxis" wurden hier zusammengefaßt: das Allgemeine sowie das „Jnsbesondere, nämlich a.) Beförderung der sittlichen Kultur (AufklärungsPraxis), b.) Sicherung der persönlichen und Eigenthumsrechte gegen innere Angriffe (JustizPraxis), c.) Erhaltung der Ordnung im Jnnern des Staats ... (PolizeiPraxis), d.) Sorge für die Erhaltung und Vermehrung der StaatsKräfte (KameralPraxis)". Entscheidend schließlich für die Regierungspraxis: „Jn Ansehung der Gesetzgebung selbst wird ... insoferne von Aufstellung eines neuen Gesetzes die Rede ist, der darüber in Vorschlag gebrachte Entwurf, zuerst in das RegierungsKollegium zur Ueberlegung gebracht, von diesem, wenn der GesetzesVorschlag nicht blos die Bestimmung eines ... RechtsPunktes betrift, entweder alle, oder die doch wichtigsten Aemter ... zum Gutachten aufgefordert ...", und: „Die Gesetzgebung in dem badischen Staat ist der Natur seiner Verfassung auch dem Regenten vorbehalten, wo sie ihm auch allein die Bewilligung der Ausnahmen von den Gesetzen zusteht. Jndessen verstattet er doch sowohl bei jener als bei dieser seinen StaatsDienern einige Mitwirkung ..." (ebda.). Woraus ersichtlich und hervorgeht, daß die markgräfliche und spätere kurfürstliche bzw. großherzogliche Herrschaft letztlich dem Zug der Zeit entsprechend feudal-absolutistisch mit allenfalls konstitutionellen, (freiwilligen, der Raison zu verdankenden) Dreingaben bzw. Zugeständnissen war.

Es ist hier auch der Ort, auf das markgräfliche Schulwesen und die damit verbundenen Schulordnungen hinzuweisen. Schon die einschlägige von Karl Friedrich erneuerte Kirchenordnung hatte den Schulzwang begründet, indem sie konstatiert, daß es den Eltern nicht freistehe, obe sie die Kinder zur Schule schicken oder nicht. Im Sommer mußten die Kinder zumindest zwei Tage, im Winter wochentags täglich die Schule besuchen. Die Pfarrer hatten seit 1756 die Auflage, bei ihren Visitationen nicht zu predigen, sondern zu katechisieren. Eine erste ausführliche und strenge Schulordnung ist für die Herrschaft Badenweiler 1754 nachweisbar; besondere Verdienste hat sich im Hachbergischen Nikolaus Christian Sander, der Vater des nachmaligen Kirchenrates und Gelegenheitsdichters Nikolaus und des späteren Karlsruher Gymnasialprofessors Heinrich Sander, mit der Organisation des Schulwesens erworben. Sein Schulschematismus teilte die Schüler in vier Klassen, in einigen Fächern wurde gemeinsam unterrichtet. Sander erstrebte eine Ganztagsschule (wovon sein Vorgesetzter, der Oberamtmann Schlosser, nicht erbaut sein konnte, da er die ärmeren Kinder durch Spinnarbeit zu einem gewissen Wohlstand „erziehen" wollte). Allerdings war das alles noch ein weiter Weg bis zu den Subtilitäten jener „Jnstructionen", wie sie in den 30er und 40er Jahren des 19. Jahrhunderts von der großherzoglichen Regierung erarbeitet und herausgegeben wurden. Ein Blick in die einschlägige Statistik[49] mag hier aus der Zeit vor der Mitte des vergangenen Jahrhunderts ergänzend herangezogen werden. Demnach gab es im Badischen damals 1288 katholische, 570 evangelische und 28 jüdische Elementarschulen mit ca. 2300 Lehrern und ca. 185000 Schülern, des weitern 6 Gymnasien (4 katholische: Bruchsal, Donaueschingen, Freiburg und Offenburg; je ein „gemischtes" [Heidelberg] und ein evangelisches [Wertheim]) sowie 4 Lyzeen (in Karlsruhe, Konstanz, Mannheim und Rastatt); die Universität zu Freiburg hatte 446 Studierende (davon 87 Badener) und die zu Heidelberg 580 Studierende (davon 198 Badener).

„Am 25. November 1797 ... hielt Bonaparte seinen Einzug in der festlich erleuchteten Stadt Rastatt ... Das Haupt der Badischen Kongreßpolizei, Freiherr von Drais, geleitete ihn in seine Wohnräume im linken Schloßflügel ... Bonapartes Absicht war es, nur so lange in Rastatt zu bleiben, bis die Ratifikationen zum Frieden von Campoformio ausgewechselt ..."[50]. Auf diesem Rastatter Friedenskongreß sollten die deutschen Belange unter französischem Vorsitz geregelt werden, vorausgegangen waren der Erste Koalitionskrieg sowie (im Oktober 1797) der Friede zu Campo Formio zwischen Frankreich und Österreich; der Kongreß dauerte bis 1799, er brachte keine Einigung, verkomplizierte die ohnehin diffuse Situation und fand sein Ende bzw. seine Auflösung mit der Rheinüberschreitung französischer Heere am 1. März 1799: man befand sich erneut im Kriegszustand (Zweiter Koalitionskrieg), am 11. März verließen die österreichischen und am 13. April 1799 die Vertreter des Reiches die Stadt, Napoleon selbst war bereits am 2. Dezember 1797 abgereist, nachdem er seinen Adjutanten zur Übermittlung seiner Empfehlungen an den Markgrafen Karl Friedrich nach Karlsruhe gesandt hatte. Hingewiesen werden muß in diesem Zusammenhang noch auf den Rastatter Gesandtenmord vom 28. April 1799; die drei französischen Gesandten wurden nach ihrem Weggang von österreichischen Husaren überfallen und ausgeraubt, zwei von ihnen wurden getötet, einer entkam. Wer diese Untat verübte, konnte bis heute nicht geklärt werden. Für die badische Geschichte bleibt so der aufwendige Rastatter Kongreß (519 auswärtige Teilnehmer) letztlich Episode, doch zeigte es sich, daß der badische Raum bewußt zu einem Mittelpunkt überregionaler politischer und diplomatischer Bestrebungen gewählt worden war. Die Beteiligung badischer Truppen bzw. deren Hineinziehung in die nachfolgenden Koalitionskriege war äußerst intensiv. Erinnert sei hier nur an das „Badische Auxiliar-Corps" (1805), ferner an die Teilnahme der badischen Rheinbundtruppen am Feldzug gegen Preußen (1806/07 – Baden hatte ein Truppenkontingent von rund 6000 Mann zu stellen; vgl. u.), des weitern an den Feldzug gegen Spanien (1808/14) sowie gegen Rußland (1812 – Baden hatte über 20000 Mann auf den Schlachtfeldern Spaniens und Rußlands verloren) und an die erneute Teilnahme badischer Truppen an den Befreiungskriegen 1813, zunächst erzwungenermaßen auf Seite des Rheinbundes, im darauffolgenden Jahr bzw. nach der Völkerschlacht bei Leipzig auf Seite der Verbündeten („Des Eides Napoleon gegenüber entbunden" – hatte die Karlsruher Losung im Spätherbst 1813 gelautet). In Ergänzung hierzu einige Auszüge aus dem Aufruf Großherzogs Karl „An Baden": „Die von dem Höchstseligen Großherzog [Karl Friedrich] ... eingegangenen Verbindlichkeiten gegen Frankreich ... waren mir heilig, weil ich in strenger Erfüllung derselben die Ruhe meines Volkes und die Erhaltung meines Landes zu begründen hoffte ... Die allwaltende Vorsehung ... hat die Siegesfahne den Französischen Waffen entrükket, und sie den Händen der für die Sache Deutschlands kämpfenden Alliierten Armeen anvertraut ... Die Erhaltung Badens ... ist nun das große Ziel ... Ich kann Euch nicht verhehlen, daß unsere geographische Lage, als Gränzbewohner Frankreichs ... im Verhältnis zu den übrigen alliierten Staaten Deutschlands, zu einem der wichtigsten macht ...".

Das junge Großherzogtum

Wirft man den Blick auf eine Karte der Besitzverteilung in Baden bis 1806, so ist man aufs erste hin verwirrt von der Vielfalt der Herrschaften und Territorien. Das hat sich dann während der letzten Regierungsjahre Karl Friedrichs grundlegend geändert. Gewiß, zwei mitbestimmende Faktoren müssen hier primär aufgeführt werden, nicht um die Person des letzten badischen Markgrafen ins Zufällige abzuwürdigen, vielmehr um aufzuzeigen, inwiefern solches innerhalb eines Menschenalters überhaupt möglich geworden war. Einmal kam Karl Friedrich der Zeitgeist in Aufklärung und Fortschritt zugute, dem er sich als vernünftiger und immerhin begabter Mensch nicht verschließen wollte, zum andern sind es die Glücksfälle und politischen Zeitumstände, die ihn zum ersten Großherzog seines Landes werden ließen. Wir wollen in unsern Betrachtungen ja keine Allgemeingeschichte betreiben und setzen daher die reichlich bekannten Ereignisse der Französischen Revolution und ihrer Folgeerscheinungen voraus. Aufgrund des Reichsdeputationshauptschlusses (25. Februar 1803) war der Markgraf von Baden zum Kurfürsten erhoben worden. Damit fielen ihm das Bistum Konstanz (noch nicht die Stadt selbst) sowie der rechtsrheinische Besitz des Basler Bistums (mit Schliengen) zu. Bis dahin hatte sein markgräfliches Gebiet aus den Herrschaften Baden-Durlach, Baden-Baden und der Grafschaft Eberstein bestanden, ferner aus der ererbten Markgrafschaft Hachberg (1415 bzw. 1418) sowie der Herrschaft Badenweiler und der Landgrafschaft Sausenberg (vgl. o.). Des weitern kamen ihm die rechtsrheinischen Gebiete des Bistums Speyer sowie des Bistums Straßburg zugute, ferner das rechtsrheinische kurpfälzische Gebiet (mit Heidelberg) nach dem Frieden von Lunéville (1801 – die Kurpfalz war aufgelöst worden, was linksrheinisch, fiel Frankreich anheim) und auch die Herrschaft Lahr (bis dahin in Besitz nassauischer Fürsten) sowie das Hanauerland (zuvor im Besitz der Grafen von Hanau bzw. der Landgrafen von Hessen), schließlich die Abteien Salem, Gengenbach, Petershausen, Schwarzach, Frauenalb, Allerheiligen, Lichtental und Reichenau sowie die Reichsstädte Offenburg, Zell am Harmersbach, Pfullingen und Überlingen. Gerade die Schicksale Offenburgs und der es umgebenden Landvogtei Ortenau hatten sich bis dahin sehr wechselvoll gestaltet (seit 1701 österreichisches Lehen der Markgrafen von Baden-Baden, fielen beide nach deren Aussterben 1771 wieder an Österreich zurück). Vorübergehend wurden ihm auch Gebiete der Würzburger und Mainzer Bischöfe im Nordosten des Landes zugesprochen. Eine erhebliche Erweiterung dieses Besitzstandes erfolgte sodann 1805/06 im Frieden zu Preßburg und im Zusammenhang mit dem Abschluß des Rheinbundvertrages: das Kurfürstentum wird zum Großherzogtum, nicht zuletzt freilich wie alles in jenen Jahren durch und mit Napoleons Gnade. Die bittere Seite solchen Gebietszuwachses: Stellung von Truppen für Napoleon im Kampf gegen Österreich sowie die Vermählung des Erbprinzen Karl mit Napoleons Adoptivtochter Stephanie Beauharnais. Dafür u.a.: Vereinnahmung des bis dahin vorderösterreichischen Breisgaus, (1801 dem Fürsten von Modena als Entschädigung angeboten, dieser ergriff 1803 davon Besitz) sowie der Stadt Konstanz, alsdann des Fürstentums Fürstenberg, des Großpriorats Heitersheim, der Grafschaft Tengen und vorübergehend des Fürstentums Leiningen. Als letzten größeren Gebietszuwachs hatte Baden im Wiener Frieden (1809) die Landgrafschaft Nellenburg (seit 1805 in württembergischem Besitz) sowie einige (bisher ebenfalls württembergische) Gebietssprenkel (Teile von Hornberg und Triberg im mittleren Schwarzwald) erhalten können, freilich nicht ohne daß der badische Unterhändler Freiherr von Andlaw-Birseck auf bedeutendere Arrondierungen gegenüber Hessen und Hohenzollern hatte verzichten müssen. Württemberg seinerseits war durch bayrischen Gebietszuwachs entschädigt worden. Die Leiningischen Ämter Amorbach und Miltenberg sowie das Löwensteinische Amt Heubach mußten wegen des Verbleibs von Weinheim in badischem Besitz sogar an Hessen abgetreten werden, auch gelang es nicht, die ehemalige Reichsstadt Wimpfen, die schon kurz einmal badisch gewesen, von Hessen zurückzugewinnen, ebensowenig die von Reitzenstein intensiv betriebene Inbesitznahme der hessischen Enklave Hirschhorn. Somit hatte sich die ehemalige Markgrafschaft an Umfang und Einwohnerzahl in etwa vervierfacht. Diese entscheidende Epoche – die letzten Jahrzehnte der Markgrafschaft und die ersten Jahre des Großherzogtums – hat Haebler in seinem Band[51] einer genaueren Betrachtung und mehrschichtigen Durchleuchtung unterzogen. Er hat damit das Herzstück badischer Geschichte im engeren Sinn aus heutiger Sicht neu erschlossen und das Für und Wider aus den verschiedenen Perspektiven heraus möglichst zeitgeschichtlich getreu nachgezeichnet. Daß Napoleon und der „Ländermarkt in Paris" Pate gestanden haben, ist eine ebenso unumstößliche Tatsache wie etwa die Bemühungen der Großherzogin Stephanie, das von ihrem Adoptivvater Geschaffene nach dem endgültigen Zusammenbruch Frankreichs bzw. des Bonaparteregimes in dieser oder gar in erweiterter Form zu bewahren.

Selbstverständlich stellte ein solcher Gebiets- und Bevölkerungszuwachs den jungen Staat und nicht zuletzt dessen Verwaltung vor neue und grundlegende Probleme: 1808 wurde der bisherige Geheime Staatsrat aufgelöst und durch sinnvoll gefächerte Ministerien ersetzt. Im selben bzw. darauffolgenden Jahr tritt das neue Landrecht (stark am Code Napoléon „mit Zusäzen und Handelsgesezen" orientiert) in Kraft. Insgesamt gelang es dem jetzigen Großherzog, durch glückliche Wahl leitender Beamter (Edelsheim, Reitzenstein, Brauer u.a.) einen vorzüglich arbeitenden Staatsapparat zu inszenieren. Schließlich darf hier positiv vermerkt werden, daß der Karlsruher Hof, nicht zuletzt auf Initiative der ersten Gemahlin Karl Friedrichs, der Prinzessin Karoline Luise von Hessen, es verstand, auch einen geistigen Mittelpunkt mittels der neuen Residenz zu schaffen (vgl. u.). Erinnert sei an die Kontakte mit Lavater, Jung-Stilling u.a., auch Herder, Goethe und Gluck waren in Karlsruhe gern gesehene Gäste. Klopstock erhielt im Sommer 1774 den Titel eines Hofrates und sollte eigentlich für immer mit ansehnlicher Dotierung für Karlsruhe gewonnen werden (Karl Friedrich: „eine lebhafte Freude, den Dichter der Religion und des Vaterlandes in seinem Lande zu haben ..."). Hier muß auch der Berufung Hebels (vgl. u.) nach Karlsruhe gedacht werden (1791 als Subdiakon ans „Gymnasium illustre", 1798 erfolgte seine Ernennung zum Professor, 1801 gab man ihm die Neubearbeitung des Lutherischen Katechismus in Auftrag, 1805 wurde er zum Kirchenrat und 1808 zum Lyzeumsdirektor ernannt; seine Ernennung zum Prälaten der Evangelischen Landeskirche erfolgte 1819 unter Großherzog Ludwig). Schließlich wäre in diesem Zusammenhang noch an die (am 11. Februar 1780) in Karlsruhe geborene Lyrikerin Karoline von Günderode zu erinnern, von den Heidelberger Romantikern hochgeschätzt und nachmalig in eine unglückliche Liebe zu dem Altertumsprofessor Friedrich Creuzer verstrickt (Freitod am 26. Juli 1806).

Übrigens hat Goethe Großteile des nachmaligen badischen Landes wiederholt durchquert bzw. besucht. 1769 und 1771 kam es zu seinen beiden Mannheimer Aufenthalten (Antikensaal mit Laokoongruppe), auf seiner Ersten Schweizerreise (1775) gelangt er in Begleitung der Brüder Stolberg im Mai von Mannheim über Heidelberg nach Karlsruhe (Besuch des Markgrafen: „Der regierende Markgraf, als einer der fürstlichen Senioren, besonders aber wegen seiner vortrefflichen Regierungszwecke unter den deutschen Regenten hoch geehrt, unterhielt sich gern von staatswirtlichen Angelegenheiten ..."), dann über Straßburg nach Emmendingen, seine daselbst mit dem markgräflichen Oberamtmann Johann Georg Schlosser verheiratete Schwester Cornelia zu besuchen („Eine glückliche Gegend, noch im September alles grün ... Die Weiden noch in ihrer silbernen Schönheit, ein milder willkommener Atem durchs ganze Land. Trauben mit jedem Schritt und Tag besser. Jedes Bauernhaus mit Reben bis unters Dach ... Der Rhein und die klaren Gebirge in der Nähe, die abwechselnden Wälder, Wiesen und gartenmäßigen Felder, machen dem Menschen wohl, und geben mir eine Art Behagens, das ich lange entbehre ...''); die Rückreise berührt im wesentlichen nochmals dieselben Orte; über Weinheim reist Goethe von Frankfurt aus im Oktober desselben Jahres nach Heidelberg (,,es war gerade die Weinlese in dem schönen Rhein- und Neckartale ...''), wo ihn die Berufung nach Weimar erreicht. Der Kurfürst Karl Theodor hatte vergebens versucht, den bereits berühmten Dichter in seine Mannheimer Dienste zu nehmen. Eine Zweite Schweizerreise – in Begleitung des Herzogs Karl August von Weimar – unternimmt Goethe im Herbst 1779, in Emmendingen steht er nunmehr vor dem Grab seiner 1777 verstorbenen Schwester, auf der Rückreise wählt er die Route Konstanz – Stuttgart, um über Pforzheim nochmals den Karlsruher Markgräflichen Hof zu besuchen. Von seiner Italienischen Reise zurückkehrend, weilt Goethe dann Anfang Juni 1788 eine Woche in Konstanz, wo er sich u. a. mit der Züricherin Barbara Schultheß getroffen hat. Eine Dritte Schweizer Reise führt ihn sodann im Herbst 1797 abermals über Heidelberg, doch nunmehr auf der Route Heilbronn – Stuttgart – Tübingen – Tuttlingen durch badisches Land nach Schaffhausen (,,Es thut sich die Aussicht auf links nach dem Bodensee ... vorwärts nach Hohentwiel, Thayngen und dem Fürstenbergischen ... Man nähert sich Engen. Ein charakteristischer, obgleich ganz bewachsener Berg mit einem alten Schlosse zeigt sich rechts; ein kleiner Ort, der unmittelbar vor Engen liegt, ist den 8. October 1796 von den Franzosen zum Teil abgebrannt worden ... Vor der Stadt erschien wieder Weinbau ... Es finden sich hier viel Geschiebe von farbigem Quarz mit weißen Adern, roter Jaspis, Hornblende in Quarz ...''). Die Rückreise geschieht über die gleiche Strecke. Nochmals weilt der Dichter dann in den Jahren 1814 und 1815 auf badischem Gebiet, Ende September bis Anfang Oktober hält er sich in Heidelberg auf (Brüder Boisserée), ein Jahr später trifft er sich ebenda mit Marianne von Willemer, nachdem er sich zwischenzeitlich abermals kurz in Karlsruhe aufgehalten hat. Mit seinem Herzog Karl August hat er sich zum Monatsende in Mannheim getroffen, um schließlich gemeinsam mit ihm und Sulpiz Boisserée die Heimreise anzutreten: ,,Mannheim, Schwetzingen, sowie Karlsruhe wegen der Gartenanlagen und botanischen Anstalten, schöner naturhistorischen und Kunstsammlungen und bedeutender neuer Gebäude gibt Gelegenheit zu wichtigen Betrachtungen ... Hebels abermalige alemannische Gedichte geben mir den angenehmen Eindruck, den wir bei Annäherung von Stammverwandten immer empfinden ...''. Und:,,Im Museum nahm er ein Frühstück. Hierauf folgte dann ein Besuch bei dem Prinzen Ludwig, dem nachmaligen Großherzog ... Auf dieser letzten Reise lernte der Dichter auch den nördlichen Teil Badens kennen: Mosbach, Adelsheim, Boxberg, Tauberbischofsheim ...''[52].

Goethe hat im Zusammenhang mit der Darstellung seines ersten Karlsruher Aufenthaltes (vgl. o.) auch der ,,Frau Markgräfin [der ersten Gemahlin Karl Friedrichs], in Künsten und mancherlei guten Kenntnissen täthig und bewandert ...'' rühmend gedacht: sie ,,wollte auch mit anmuthigen Reden eine gewisse Theilnahme beweisen'', und er fährt dann u. a. fort: ,,... wir konnten aber doch ... ihre schlechte Papierfabrikation und Begünstigung des Nachdruckers Macklot [in Wirklichkeit war es der gebürtige Heilbronner Christian Gottlieb Schmieder!] nicht ungeneckt lassen ...''.Dazu von Weech[53]: ,,Noch mehr als er selbst [Karl Friedrich] hat die Markgräfin die neu erstehende Literatur begünstigt. Dem Nachdruck war damals noch nicht wie heute durch gesetzliche Bestimmungen der Character einer strafbaren Handlung beigelegt. Sie förderte das Unternehmen des Buchhändlers Macklot, die deutschen Dichter und Prosaisten abzudrucken. Da haben freilich, wie uns Goethe berichtet, böse Zungen behauptet, es geschehe weniger im Sinn für die schöne Literatur, als um die schlechten Produkte einer auf fürstliche Kosten begründeten Papierfabrik günstig an den Mann zu bringen, eine Nachrede, die Goethe doch selbst als eine unbegründete bezeichnete ...''. In summa: man muß hier freilich dem Geist und den Auffassungen der Zeit einiges zugutehalten, abgesehen davon das kaiserliche Wien mit Trattner u. a. mit leuchtendem Beispiel vorangegangen war (Auswirkungen etwa im Vorderösterreichischen); alles in allem müssen zudem die Verdienste des Nachdruckens im Zusammenhang mit der intensiv um sich greifenden und auch bedeutende Früchte tragenden Aufklärung in vielem als positiv bewertet werden.

Es kann hier auch nicht unsere Aufgabe sein, all die Gelehrsamkeit und Emsigkeit heraufzubeschwören, wie sie in den Klöstern – besonders im vorderösterreichischen Raum jenes Jahrhunderts – betrieben wurde. Wenn wir in diesem Zusammenhang etwa eines Martin Gerbert (1720 – 1793, Fürstabt von St. Blasien, dessen Klosterkirche er nach dem Brand von 1768 in vorbildlichem Klassizismus wiederaufbauen ließ, auch Verfasser zahlreicher wissenschaftlicher Werke – u. a. einer dreibändigen ,,Historia Nigrae Silvae'' [= Geschichte des Schwarzwaldes], 1783 – 1788) und eines Ignatius Speckle (1754

– 1824, letzter Abt von St. Peter, seine „Memoiren"[54] zeigen ihn auch als einen geschickten Diplomaten) gedenken, so wollen wir damit symptomatisch auf die Fülle solcher in unserm Raum immer wieder vorhandenen und handelnden Persönlichkeiten hinweisen.
Hier vielleicht noch eine kurze Erinnerung an badische Erfinder jener Epoche. Da wäre vor allem des Spieluhrenerbauers Martin Blessing (1774 – 1847) sowie des Forstbeamten Karl Friedrich Freiherr Drais von Sauerbronn (1785–1851, Sohn des nachmaligen Vorsitzenden des Obersten Badischen Gerichtshofes) zu gedenken, dessen Laufmaschine zur Erfindung des Fahrrades führte und der auch die erste Eisenbahndraisine konstruiert hat. – Auf Emil Kessler (1813–1867), den genialen Karlsruher Lokomotivenbauer, sowie auf Lorenz Oken(fuß, 1771–1851), den Naturforscher und -philosophen und nachmaligen ersten Rektor des neugegründeten Zürcher Eidgenössischen Technikums, sei ebenso verwiesen wie auf den Durlacher Georg von Reichenbach (1771—1826), den „Vater der wissenschaftlichen Mathematik".
Großherzog Karl Friedrich hat den Niedergang Napoleons nicht mehr erlebt. Nach dem Tod seiner ersten Gattin hatte er zur linken Hand das Hoffräulein Luise Karoline Geyer von Geyersberg geheiratet, aus dieser Ehe entstammten drei Söhne. Der Erbprinz selbst (Karl) starb vor seinem Vater durch einen Unfall (1801). Dessen Sohn Karl (mit Stephanie Beauharnais erst unglücklich, dann immerhin vernünftig verheiratet) trat 1811 die Nachfolge seines Großvaters an. Und dessen Töchter hatten glänzende Partien eingegangen als Kaiserin von Rußland, Königin von Bayern, Königin von Schweden, Großherzogin von Hessen, Herzogin von Braunschweig.
„Eine befremdende Thatsache bleibt es, daß in den meisten biographischen Nachrichten über den 1818 verewigten Großherzog Karl von Baden seine Theilnahme an dem Kriege von 1806 und 1807 nicht Erwähnung geschieht. Ein glücklicher Zufall wollte es, daß ich Gelegenheit fand ... das in drei Bänden bestehende handschriftliche ‚Tagebuch über den Feldzug Seiner Hoheit des Erbgroßherzogs von Baden von Anfang October 1806 bis Ende Juni 1807' zu erwerben, dessen Verfasser der nachmalige, 1813 in Rußland verstorbene Oberstlieutenant v. Grolman ist, welcher den Prinzen in jenem Kriege als Adjutant begleitete ...", leitet Fr. von der Wengen seine Herausgabe dieses Tagebuchs ein.[55] Die größeren Zusammenhänge, die zu einer Beteiligung badischer Truppen führte, haben wir oben bereits dargestellt. Hier nur noch einige erläuternde bzw. klärende Details: „Der Kurprinz war am 4. Juli 1806 nach einem viermonatlichen Aufenthalte in Frankreich an der Seite seiner jungen Gemahlin [Stephanie] nach Karlsruhe zurückgekehrt ... Neuere Nachrichten ließen indessen den Ausbruch eines Krieges mit Preußen nicht mehr zweifelhaft erscheinen. Während man noch darüber staunte, kam ein Kurier des Kaisers Napoleon in Baden an, welcher dem Großherzog [Karl Friedrich] eine Erklärung der Ursachen für die unvermeidlich gewordene Eröffnung der Feindseligkeiten und zugleich die Aufforderung zur schleunigen Stellung des Contingents überbrachte ... Der Erbgroßherzog säumte seinerseits nicht, sein dem Kaiser Napoleon gegebenes Wort, ihn zum nächsten Kriege begleiten zu wollen, einzulösen ... Das Regiment Erbgroßherzog erhielt den Befehl, am 1. October von Mannheim ... aufzubrechen und in Eilmärschen nach Mergentheim zu rücken ... Den 9. sollte das erste Gefecht [bei Schleiz] ... stattfinden ... Der Kaiser war bei dem Gefechte zugegen ... das Gefechtsfeld ... war noch mit Todten bedeckt, so daß sich den Augen des Erbgroßherzogs in der Morgendämmerung [des 11. Oktobers] ... die Schrecknisse des Krieges in ihrer entsetzlichen Wirklichkeit zeigten ...". In der Folge ist u. a. die Schlacht bei Jena (am 14. Oktober) sowie das mühsame Vordringen der badischen Truppen „Von Berlin nach Warschau" im Winter 1806/07 und „Die Belagerung von Danzig" [März bis zur Übergabe der Festung am 26. Mai 1807] geschildert: „Der Erbgroßherzog übergab ... am 4. Juni das Commando der badischen Truppen wieder dem Generallieutenant v. Cloßmann und reiste am 14. ... von Danzig ab ... Am 10. Juli traf der Prinz ... bei seiner Gemahlin in Schwetzingen ein ...".
Am 4. April 1807 hatte bereits der Großherzog Karl Friedrich als eine „Aufmunterung zur Tapferkeit, Treue und Anhänglichkeit ..." den „Militärischen Carl-Friedrich-Verdienst-Orden" (für Generale und Offiziere in drei Klassen: Großkreuz, Commandeur, Ritter) sowie die „Militärische Verdienstmedaille für Unter-Offiziere und Gemeine" (in Gold und Silber) gestiftet, die Devise lautete „Für Badens Ehre". Am 26. Dezember 1812, dem Namenstag seiner Gemahlin Stephanie, stiftete Großherzog Karl den „Orden vom Zähringer Löwen" (in Erinnerung an die Herzöge von Zähringen als Vorfahren des großherzoglichen Hauses) mit der Devise „Für Ehre und Wahrheit" (Vorderseite: stehender Löwe, Rückseite: Ruine Zähringen), ebenfalls in den Klassen: Großkreuz, Commandeur, Ritter; vom nachmaligen Großherzog Friedrich I. 1866 bzw. 1877 als Orden „Berthold des Ersten von Zähringen" um drei auf insgesamt sechs Klassen erweitert.
Großherzog Karl regierte nur bis 1818. Sein Charakter war schwierig, man sagte ihm Unzuverlässigkeit, Trägheit, Ausschweifungen nach. 1812 wurde der lang erwartete Thronerbe geboren, nach wenigen Tagen lag das neugeborene Kind tot in der Wiege. Auch ein zweiter Sohn Karls starb im frühesten

Kindesalter. Daran knüpfte sich die Kaspar-Hauser-Legende an. Es ist eine ganze Bibliothek darüber geschrieben worden. Der Findling von Nürnberg sollte demnach der erstgeborene Sohn Karls und seiner Gemahlin Stephanie gewesen sein. Verdächtigt wurde die inzwischen zur Gräfin Hochberg avancierte zweite Gattin Karl Friedrichs, ihre Kinder waren aufgrund der morganatischen Ehe nicht zur Erbfolge berechtigt. So gesehen, gibt es zwar reichlich Gründe, die Kaspar-Hauser-Legende als real geschehen zu betrachten. Letztendlich wird diese delikate Frage allerdings nie zu beantworten sein. Sie hat die Gemüter der Zeitgenossen ebenso wie die der Nachfahren immer wieder heftig aufgerührt.

Obschon sich Großherzog Karl auf dem Wiener Kongreß wenig staatsmännisch benahm, gelang es vorab mit Hilfe des Ministers Reitzenstein, den jungen von Napoleons Gunst großgewordenen Staat beisammen zu halten. Sozusagen in letzter Minute war man auf dringendes Anraten Reitzensteins auf die Seite der Alliierten getreten und damit gegen Napoleon.

„Er war am 3. 2. 1766 in Nemmersdorf bei Bayreuth geboren", berichtet Altenstetten („Das notwendige Bundesland am oberen Rhein"), dessen Verdienst es ist, in seinem historischen Kurzabriß doch relativ breit auf Reitzenstein einzugehen und auch des kompetenten Franz Schnabels Ausführungen „Sigismund von Reitzenstein, der Begründer des Badischen Staates"[56] gebührend zu erwähnen, und er fährt fort: der nachmalige badische Staatsminister „hatte an der Universität in Göttingen eine vorzügliche Ausbildung in der Staatslehre erhalten und war danach ... in die Dienste des Markgrafen ... getreten. Schon mit 30 Jahren wurde er zum Bevollmächtigten des Markgrafen mit Frankreich bestellt ... Betrachtet man die Staatsgründung Reitzenstein[s] rückblickend vom heutigen Standpunkt [sie wurde mitunter als „bedenklich" und „rigoros" hingestellt], so kommt man zu der Feststellung, daß sie eine notwendige und berechtigte war. Die seitherigen territorialen Zersplitterungen auf der rechten Rheinseite innerhalb des Gebiets des neuen Staates waren beseitigt. Zahlreiche Zollschranken und Verkehrsbehinderungen waren in diesem Raum weggefallen. Die Tür für eine große wirtschaftliche Entwicklung war aufgestoßen ...".

In der kurzen Regierungsspanne bis zu Großherzogs Karl Tod 1818 konnten mit viel Geschick drei für den Fortbestand des jungen Großherzogtums entscheidende Probleme gelöst werden. Durch ein Hausgesetz vom 4. Oktober 1817 (1818 auf dem Aachener Kongreß allgemein anerkannt) wurden die Söhne aus der zweiten Ehe Karl Friedrichs für erbberechtigt erklärt, eine Teilung des Landes wurde gleichzeitig ausgeschlossen (was besonders den bayrischen Ansprüchen zuwiderlief).[57] Am 22. August 1818 wurde schließlich eine Verfassung für das Großherzogtum Baden fertiggestellt, „die als die vorzüglichste und freisinnigste Deutschlands in jener Zeit anerkannt wurde. Nebenius, Badens zweiter großer Staatsmann, hatte sie entworfen ..."[58]. Kurz vor seinem Tod hat sie Großherzog Karl in Bad Griesbach noch unterzeichnet: „Karl von Gottes Gnaden, Großherzog von Baden ... Von dem aufrichtigsten Wunsche durchdrungen, die Bande des Vertrauens zwischen Uns und Unserm Volke immer fester zu knüpfen, und auf dem Wege, den Wir hierdurch bahnen, alle Unsere Staatseinrichtungen zu einer höheren Vollkommenheit zu bringen, haben Wir nachstehende Verfassungsurkunde gegeben, und versprechen feierlich für Uns und Unsere Nachfolger, sie treulich und gewissenhaft zu halten und halten zu lassen ...". Die Urkunde gliedert sich in 79 Paragraphen, denen 1841 vier weitere Paragraphen angehängt wurden. Die fünf Hauptkapitel sind: „I. Von dem Großherzogthum und der Regierung im Allgemeinen. / II. Staatsbürgerliche und politische Rechte der Badener und besondere Zusicherungen. / III. Ständeversammlung. Rechte und Pflichten der Ständeglieder. / IV. Wirksamkeit der Stände. / V. Eröffnung der ständischen Sitzungen, Formen der Berathungen." Abschließend sei hier exemplarisch § 13 der Urkunde zitiert: „Eigenthum und persönliche Freiheit der Badener stehen für alle auf gleiche Weise unter dem Schutze der Verfassung."

Haebler hat Nebenius (vgl. o.) zurecht als „Badens zweiten großen Staatsmann" bezeichnet; da er immer wieder auch als „Vater der badischen Verfassung" gefeiert wird, sei hier noch kurz einiges zu seiner Person und seinen Verdiensten gesagt. Sein Vater, markgräflicher Amtmann in Baden-Durlach und später Obervogt der Herrschaft Mahlberg, hatte dessen Vornamen nach seinem Landesherrn Karl Friedrich gewählt, nach Studien in Karlsruhe und Tübingen praktizierte der junge Nebenius u. a. in Besançon und Paris, er wurde dann ins badische Finanzministerium berufen, Großherzog Karl beauftragte ihn mit dem Entwurf zu einer neuen Verfassung bzw. Verfassungsurkunde, die entsprechend akzeptiert wurde; nachmalig war Nebenius zweimal badischer Ministerpräsident, er verfaßte u. a. eine Denkschrift über den Beitritt Badens zum Deutschen Zollverein, führte 1828 im Großherzogtum auch die neuen Maßeinheiten (u. a. das Metermaß) ein und machte sich erneut einen Namen mit seinem intensiven Eintreten für einen zügigen Bau der Eisenbahnstrecke Mannheim – Basel. Nebenius, 1785 im zu Baden-Durlach gehörigen Rhodt (Rheinpfalz) geboren, verstarb 1857.

Die badische Verfassung hatte eine Erste Kammer (Oberhaus) für die Vertreter des Adels, der Kirchen und Hochschulen sowie eine Zweite Kammer (Unterhaus) für die Abgeordneten

des Volkes (indirekte Wahl) vorgesehen. Ein erster „Landtag" (= Zweite Kammer) war 1819 unter lebhafter Anteilnahme des badischen Volkes gewählt worden. Der Nachfolger Karls war Großherzog Ludwig I., ein Bruder des 1801 verstorbenen Erbprinzen Karl und damit ein Onkel des bisherigen Großherzogs. Er regierte bis zu seinem Tode 1830. „Großherzog Ludwig war ein ebenso ausgesprochen üppiger ... als gewalttätiger, verwegener ... Herr. Äußerlich wollte er den Schein größter Volkstümlichkeit wahren, insgeheim war er aber nur darauf bedacht, seine Minister und seine Stände zu täuschen. Er rühmt sich, wie gut er mit diesen neuen Ständen auskomme ...", soweit Eduard Vehse.[59] Man wird freilich dem Erscheinungsdatum dieses Werkes (1921) einiges zugute halten müssen, dennoch soll nicht bestritten werden, daß sich während der Regierungszeit Ludwigs rasch scharfe Gegensätze zwischen Regierung bzw. Großherzog und Volksvertretung herausbildeten. Der damaligen Zeit hingegen muß man wiederum ihre allgemeinen Restaurationstendenzen anrechnen. So brachte das 1819 von Ludwig erlassene Adelsedikt (das diesem Stand erneut bestimmte Vorrechte einräumte) größere Beunruhigungen mit sich; und als drei Jahre später die Zweite Kammer die neuen Steuern nicht bewilligte, löste der Großherzog kurzentschlossen den Landtag auf. In der Folge wurde die liberale Opposition von ihm auf ein Minimum beschränkt.
Nicht uninteressant dürfte es in diesem Zusammenhang sein, über die militärischen Verhältnisse dieses Zeitabschnittes badischer Geschichte kurz zu referieren. Das seinerzeitige VIII. deutsche Armeekorps bestand aus drei Divisionen, deren 2. von Baden (die 1. von Württemberg, die 3. von Hessen) gestellt wurde. Das Friedenskontingent betrug in etwa der hundertste Teil der Gesamtbevölkerung (demnach etwa 12000 Mann), die Reservemannschaft hatte ggf. einen weiteren dreihundertsten Teil zu stellen. Die drei Rekrutierungsbezirke (in Freiburg, Karlsruhe und Mannheim) hatten die Kriegsdienstpflichtigen (in allen Waffengattungen sechsjährige Dienstzeit) auszuheben. Ca. 250 Offiziere und 900 Unteroffiziere bildeten das aktive jeweilige Standort-Stammpersonal. (Die zivilverwaltungstechnische Aufteilung in See-, Ober-, Mittel- und Unterrheinkreis war davon weitgehend separiert.)
Immerhin gelang es Großherzog Ludwig gegen Ende seiner Regierungszeit, eine Art Burgfrieden mit der katholischen Kirche einzugehen. „Der Großherzog Ludwig... war zu scharfsinnig, um nicht die dringende Notwendigkeit einer festen Anordnung des Kirchenwesens zu erkennen und einzusehen, daß nur allein durch die Vereinbarung mit dem päpstlichen Stuhle ein dauernder Zustand erwirkt werden könne...".[60] 1821 hatte Papst Pius VII. die Oberrheinische Kirchenprovinz geschaffen, ein Erzbischofssitz war für Freiburg vorgesehen (den Zuschlag für Freiburg hatte sein Münster gegeben). Vorausgegangen war die Säkularisation und Wessenbergs Ernennung zum Konstanzischen Generalvikar durch Dalberg: trotz Widerspruchs der Kurie – wegen dessen national-kirchlichen Tendenzen – blieb Wessenberg in diesem Amt, auch nachdem Dalberg sich nach Regensburg begeben hatte. Erst 1827 kam eine Einigung zwischen Rom und dem badischen Staat zustande: Wessenberg wurde fallen gelassen, statt seiner der Freiburger Münsterpfarrer Bernhard Boll zum ersten Freiburger Erzbischof gewählt.

Restaurationszeit und 48/49er-Revolution

Nachfolger des 1830 verstorbenen Großherzogs Ludwig wurde sein Stiefbruder Leopold (nunmehr aus Hochbergischer Ehe). Dazu nochmals Vehse („Süddeutsche Fürstenhöfe"): „... der Erstgeborene der Gräfin Hochberg. Er war, als er 1830 zur Regierung gelangte, schon fast vierzig Jahre alt... Der ‚bürgerfreundliche' Leopold, wie ihn der ‚Freisinnige', die Zeitung der Professoren Welcker und Rotteck nannte, gewährte 1832 die Preßfreiheit. Sie hatte aber nur fünf Monate Bestand, die Bundesbeschlüsse... bewogen den ganz schwachen Großherzog, sie und den ‚Freisinnigen' wieder aufzuheben und die Professoren Welcker und Rotteck zu pensionieren." Eine Fußnote verweist hier auf Rotteck, worin es u. a. heißt: „... wurde von der Universität Freiburg als ihr Vertreter in die Erste Kammer... gewählt... erregte durch seine oppositionellen Anträge Aufsehen... kandidierte für die Zweite Kammer... wurde erst 1831 in die Zweite Kammer gewählt... Nach seinem Tode verhinderte die Regierung... ein zu errichtendes Denkmal... Selbst die einfache Bronzebüste... wurde auf Anordnung der Polizei wieder entfernt und erst im Jahre 1863 mit dem Anbruch der neuen liberalen Ära... vor seinem ehemaligen Wohnhause wieder aufgerichtet." Nachzutragen wäre hier u. a. aus mehr zeitgenössischer Sicht: „Vieles Treffliche hat er beantragt, für alles Edle und Gute hat er seine Stimme erhoben... Er beantragte und kämpfte für Zehntablösung... für das freie Wort... Dieselbe edle Gesinnung legte er auch in seiner allgemeinen Geschichte dar, welche von 1812 bis 1827 in 9 Bänden erschien, bis jetzt über 13 Auflagen erlebte... Die Würdigung R.s muß der späteren Zeit überlassen werden..."[61]. Dazu noch ein Nachtrag aus heutiger Sehweise: „Die Freiburger wählten den abgesetzten Professor zum Bürgermeister, doch die Regierung war dagegen..."[62]. Und dieselbe Quelle hinsichtlich Wessenberg: „Er wurde 1812 zum Priester geweiht. Er nahm die Verwaltung der Diözese energisch in die Hand und mühte sich um viele Reformen, die teilweise gewiß auch nötig, vielleicht nicht immer in der richtigen Art durchgeführt wurden. Rom anerkannte ihn nie als Generalvikar und Bistumsverweser... Er lebte fortan in Konstanz, widmete sich wissenschaftlichen und dichterischen Arbeiten und tat viel Gutes. Wessenberg war eine vornehme und edle Persönlichkeit – aber auch ein Kind seiner noch ganz im Geist der Aufklärung befangenen Zeit." So vereinfachend sich dieses Kurzcharakteristikum für den Kenner zunächst auch geben mag: der Kernpunkt seines Wesens und die Anstöße seiner Handlungsweisen finden sich hierin festgehalten, und wenn man heute – gerade auch in kompetenten Kreisen – davon ausgeht, daß Wessenberg in vielem seiner Zeit um gute anderthalb Jahrhunderte voraus, so darf es andrerseits doch nicht verwundern, wenn sich eine Großzahl seiner Zeitgenossen, besonders die „Gutgläubigen", in dieser und jener von ihm angeregten und auch durchgeführten Reform vor den Kopf gestoßen fühlte. Desto erfreulicher, daß sich an einer solchen Gestalt heutzutage die Geister nicht mehr scheiden: Ausdruck und Produkt josephinischer Aufklärung, transponierte er in durchaus eigenständiger Weise dieses Gut, freilich mit mancherlei Zeitverhaftetheit und in einer oft übers damals verantwortliche oder doch gestattete Maß hinaus, über die schwierigen Napoleonjahre ins neue Jahrhundert, dessen Restaurationstendenzen er freilich nicht anerkennen wollte und konnte.

Großherzog Leopold regierte bis zu seinem Tod im Jahre 1852. Es traf ihn hart, die 48/49er-Revolution durch- und überstehen zu müssen. Darüber ist in den letzten Jahren sehr viel geschrieben worden. Neben Brennpunkten in Berlin und Wien hat das badische Land regen Anteil an diesen Revolutionsjahren genommen. In seiner „Chronik einer verlorenen Revolution – 1848–1849: Bürgerkrieg in Baden"[63] führt Wolfgang Dreßen u. a. aus: „In Baden... gibt es fast gar keine große Bourgeoisie... Es gibt daher auch nur ein sehr wenig zahlreiches, sehr zersplittertes, wenig entwickeltes Proletariat. Die Masse der Bevölkerung teilt sich in Bauern... Kleinbürger und Handwerksgesellen... Die Kleinbürger, vertreten durch Advokaten, Ärzte, Schulmeister, einzelne Kaufleute und Buchhändler [der Mannheimer Heinrich Hoff!] beherrschten also teils direkt, teils durch ihre Vertreter die ganze politische Bewegung seit dem März 1848." Gewiß eine Sichtweise, wenngleich sie nicht unwidersprochen bleiben durfte. Uns kann es indes nicht um eine Detaillierung und Ergründung der badischen 48/49er-Revolution gehen, wenngleich wir sie aus unserer Betrachtung heutzutage keineswegs zu sehr ausschließen dürfen. Ein Vorspiel hatte das Ganze vor allem in einer im September 1847 in Offenburg (vgl. u.) stattfindenden großangelegten Volksversammlung, man forderte u. a. die konstitutionelle Monarchie, mehr bürgerliche Freiheiten und freilich auch die deutsche intensivere Einigung. Des weitern – nicht zuletzt unter dem Einfluß des Mannheimer Advokaten Hecker – erneute Preßfreiheit, Abschaffung sämtlicher Adelsvorrechte, Schwurgerichte, soziale Gesetzgebung, Volksbewaffnung, Wahlen zu einem Deutschen Parlament. Die nachfolgende Pariser Februarrevolution bewirkte und forcierte das ihre, die badische Regierung scheute sich nicht vor Teilzusagen, Welcker löste den reaktionären Blittersdorf als Gesandten beim deutschen Bundestag ab. Doch das genügte Hecker und seinen Anhängern nicht mehr: sie wollten ein neues Deutschland als Republik sehen. Das als liberal bekannte Baden sollte den Anfang machen. Im April 1848 erließen Hecker und Struve (ein Deutschbalte) von Konstanz aus einen Aufruf zur bewaffneten Volkserhebung [vgl. u.]. Nach einem Marsch über den Schwarzwald (bei denkbar ungünstigen Witterungsverhältnissen und mit ungenügender Ausrüstung) wollte man sich in Freiburg mit den Freischaren aus andern Gegenden vereinen.

Von badischem, württembergischem und hessischem Militär geschlagen (Hecker selbst bei Kandern, wo auf der regierungstreuen Seite General Gagern fiel), brach der Aufstand zusammen, dem auch die vom Dichter Georg Herwegh versammelte republikanisch-deutsche Legion, die aus Frankreich über den Rhein gekommen war, nicht mehr helfen konnte. Die Hauptakteure konnten in die Schweiz entkommen. Im Herbst desselben Jahres versuchte es Struve von neuem von Lörrach aus, bei Staufen schon scheiterten seine Haufen. Im Mai 1849 inszenierte eine wiederum in Offenburg stattfindende Landestagung der Volksvereine eine abermalige Erhebung. Eine Meuterei in der Garnison der Festung Rastatt begünstigte das Unternehmen. Karlsruhe kam in den Besitz der Aufständischen, der Großherzog mußte fliehen, die badische Republik wurde ausgerufen. Rechtsanwalt Brentano, der zunächst noch auf eine parlamentarische Lösung gehofft hatte, stellte sich an die Spitze der „Provisorischen Regierung des Freistaates Baden". – Was uns bei solcher Lektüre besonders auffällt, ist die mehrmalige Nennung Offenburgs. Es verlohnt, ohne daß wir deshalb in die eigentliche Quellen- und Ursachenforschung der badischen Revolution einsteigen müssen und auch keiner speziellen Gegend ein Glücks-As oder einen Schwarzen Peter zuschieben möchten, einen Blick auf die damalige mittelbadische Stadt zu werfen: „Offenburg bot in den 40er Jahren das typische Bild einer „bürgerlichen Kleinstadt...", heißt es in der Schrift[64]; und wir geben im Folgenden zugleich ein in etwa symptomatisches Bild einiger Zustände des badischen Vormärz –: „Die Wessenbergianer [Deutschkatholiken], welche die katholische Kirche im Geist der Aufklärung umgestalten wollten, dem Ablaß– und dem Wallfahrtswesen kritisch gegenüberstanden und Synoden mit Beteiligung der Laien und die Übertragung konstitutioneller Einrichtungen des Staates auf die Kirche wünschten, hatten in dem Offenburger Dekan... Franz Ludwig Mercy einen eifrigen Anhänger... Mochte die Bürgerschaft noch so uneinig sein, aber den gemeinsamen Ehrgeiz hatte sie, sich mit militärischem Glanz zu umkleiden... 1846 erregte Offenburg im politischen Leben des badischen Landes Aufsehen...Die Offenburger... wählten auf Welckers Empfehlung den Hofrat Kapp, Professor an der Universität Heidelberg, zu ihrem Abgeordneten... Kapp [gehörte] der äußersten Linken an... Die allgemeine Unruhe... wurde 1847 durch die Teuerung gesteigert... Die erste Offenburger Volksversammlung, die etwa 200 Teilnehmer zählte, fand am 12. September... statt... Die Gemeindebehörde, welche die Tagung vorbereitete, tat alles, um die Männer Badens von ihrem loyalen Sinn zu überzeugen [Bürgermeister Gustav Rée war von absolut konservativer Gesinnung]. Der Saal war mit den Landesfarben geschmückt. Unter einem Baldachin waren die Büsten der Großherzoge Karl Friedrich und Karl aufgestellt, zwischen diesen hing das Bild Leopolds... Auf dieser Versammlung wurden die liberalen Forderungen noch einmal mit aller Entschiedenheit herausgestellt. Sie waren nicht revolutionär, sondern konnten auf dem Boden des bestehenden Staates erfüllt werden... Die Regierung hatte [aber] das staatliche Leben durch Gesetze gestaltet, die im Widerspruch zu der Verfassung standen. Deshalb stand an der Spitze der Forderungen die Aufhebung der Ausnahmegesetze von Karlsbad, Frankfurt und Wien, die gegen die Menschenrechte und die badische Verfassung verstießen... [Die Versammelten] verlangten persönliche Freiheit, Presse-, Gewissens- und Lehrfreiheit... Vertretung des Volkes beim Deutschen Bund, volkstümliche Wehrverfassung, gerechte Besteuerung durch Einführung einer progressiven Einkommensteuer...".

Wir übergehen hier die weiteren, bereits oben geschilderten Geschehnisse (Rée wurde Abgeordneter in der Frankfurter Paulskirche) und geben noch einige kurze Auszüge aus der Kähnischen Darstellung vom Mai 1849: „Es herrschte Kampfstimmung. Die Turner forderten auf: ‚Laßt jetzt Recken und Barren ruhen! Lernt auf den Schießständen die Büchse und das Bajonett führen!'... Am Sonntag, dem 13. Mai, sollte eine Volksversammlung auf dem Offenburger Marktplatz zu der durch die letzten Frankfurter Ereignisse geschaffene Lage Stellung nehmen... Die gesamte Versammlung versprach [Rée] einmütig, jedem gewaltsamen Versuch, die Republik auszurufen, entgegenzutreten... Die Sitzung nahm einen... tumultuarischen Verlauf... Ein Beschluß jagte den andern... [da] kam aus Rastatt die Kunde, daß der Landesfürst mit der Regierung aus Karlsruhe geflohen sei... Die Beschlüsse des Landesausschusses wurden angenommen... Schon im Lauf des Tages war die Eisenbahn von der Revolutionspartei mit Beschlag belegt worden... Wie überall im Land, so wurden auch im Bezirk Offenburg ein ‚Zivilkommissar' und ‚Sicherheitsausschüsse' eingesetzt... Und dann [im Verlauf der nächsten Wochen] kam bald eine Hiobsbotschaft nach der andern... Am Montag, den 2. Juli, rückte eine preußische Division in der Stärke von 11000 Mann in die Stadt ein...".

Und schließlich noch eine Detaillierung zur Ausrufung der badischen Republik in Konstanz: „So dachte Hecker in friedlichem Zuge auf dem geradesten Wege nach Karlsruhe zu gelangen... In Konstanz begann Hecker sofort für seinen Zug nach Karlsruhe zu werben; am 12. April rief er dort in einer großen Volksversammlung die Republik aus und erntete rauschenden Beifall. Doch als es sich darum handelte, mit der Tat für die republikanische Sache einzutreten, war die Begeisterung nicht mehr groß... Als Hecker mit seinem Adjutanten Schöninger am Morgen des 13. April zu seinem großen Unternehmen abmarschierte, begleiteten ihn nicht mehr als 53 Mann. Die Ausrüstung vieler, die ebenfalls ziehen wollten, war noch nicht vollendet, und andere waren noch unschlüssig. Hecker ließ deshalb Weißhaar und Sigel in Konstanz zurück, damit sie diese Nachzügler bereden, bewaffnen und besammeln könnten; mit ihnen sollten sie ihm so bald als möglich nachkommen... Diese Anordnung des getrennten Abmarsches war der Todeskeim des Heckerzuges...", soweit Paul Siegfried[65].

Die Bundestruppen unter Führung des nachmaligen Kaisers Wilhelm I. („Kartätschenprinz") ließen ja nicht auf sich warten. Zwar gelang es den Aufständischen, in Gefechten bei Waghäusel und Ladenburg sich zu behaupten, doch die besser ausgerüsteten und disziplinierteren Bundestruppen drangen siegreich vor und umschlossen den Rest der Revolutionäre in der Festung Rastatt: „Die Festung Rastatt ist von meinem Armeekorps umschlossen; zwei andere Armeekorps verfolgen die Freischaren... Hoffnung auf Entsatz ist nicht zu erwarten... Korpsquartier Kuppenheim, den 2. Juli 1849... v. d. Gröben, Generalleutnant...". Das Ende war tragisch: schier ein halbes Hundert Todesurteile, noch weit mehr Zuchthausstrafen, nur wenige entkamen.

Der Großherzog war inzwischen ein kranker und schwieriger Mann geworden, er überlebte zwar die Revolution, erholte sich aber letztlich nicht mehr von ihr. Nach seinem Tod (1852) hätte sein ältester Sohn Ludwig (II.) seine Nachfolge antreten

sollen, doch verhinderte dies dessen unheilbare Krankheit und sein Tod (1856). Statt seiner übernahm der jüngere Bruder Friedrich (* 1826) zunächst als Prinzregent die Regierungsgeschäfte, 1856 wurde er als Großherzog Friedrich I. inthronisiert.
Bevor wir indes seine über fünfzigjährige insgesamt segensreiche Regierungszeit vorstellen, noch einige Nachträge aus der Jahrhundertmitte und der Jahre zuvor. In dynastischer Hinsicht sei hier vor allem nochmals auf die Altgroßherzogin Stephanie hingewiesen, die ihren Gatten (Großherzog Karl) um mehr als vierzig Jahre überlebte († 1860 in Nizza), ihren Witwensitz im Mannheimer Schloß hatte, jeweils etliche Monate im Jahr auf Reisen oder in ihrem Umkircher Schlößchen verlebte und mit der Ernennung ihres Neffen Louis Napoleon (1852 als Napoleon III. Kaiser der Franzosen) eine zunehmende diplomatische Tätigkeit entwickelte. Wiederholte Reisen brachten sie nach London, wo sie auch Königin Victoria besuchte, vor allem aber bemühte sie sich in ihren letzten Jahren um ein Zusammengehen von Preußen und Baden einer- und von Frankreich andrerseits. Baden-Baden erhält durch ihre zahlreichen Aufenthalte internationalen Rang. Als ihr die französische Kaiserin Eugenie ein Asylangebot in Frankreich macht, bedankt sie sich mit dem Hinweis, gern in Baden bleiben zu wollen, zumal sie sich über dessen Bewohner nie zu beklagen gehabt hätte...
Einen ersten und nachhaltigen Aufschwung seiner wirtschaftlichen Entwicklung hatte das badische Land im 18. Jahrhundert, insbesondere durch die Initiative Karl Friedrichs, erfahren. Von einer Frühindustrialisierung kann in diesem Zeitraum allerdings noch nicht die Rede sein. Die Bemühungen seiner Regierungszeit waren ja vornehmlich der Landwirtschaft zugute gekommen. Sein Versuch, Tabakanbau und -handel durch staatliche Regie zu fördern, mußte zunächst scheitern. Erst zu Ende seiner Regierungszeit kommt es zur Gründung von Tabakfabriken. Günstiger stand es mit der Leinenweberei und Tuchfabrikation, auch in den vorderösterreichischen Landen kam es bereits in der Mitte des 18. Jahrhunderts zu entsprechender Produktion. Eine rege Heimindustrie setzte in dieser Zeit auch im südlichen Schwarzwald ein mit der Errichtung von Webstühlen und der Förderung der Uhrenindustrie. Die Einrichtung von Maulbeerplantagen und damit verbundener Seidenraupenzucht mußte hingegen an den klimatischen Bedingungen scheitern. Von einiger Bedeutung hingegen war die gerade im 18. – und nachmalig auch noch im 19. Jahrhundert – aufgekommene Fayenceherstellung mit ihrem Durlacher Schwerpunkt (später kamen hier die Orte Hornberg und Zell am Harmersbach hinzu). Die Kontinentalsperre und das Aufkommen bzw. Perfektionieren von einfacheren Maschinen förderte vorzugsweise die Kleinindustrie. Nach wie vor betrieb man im Schwarzwald zahlreiche Glashütten, der Bergbau indes entwickelte sich nur von Fall zu Fall und war von mancherlei politischen und fiskalen Bedingungen abhängig. In den unterbadischen Landesteilen versuchte man sich bereits in der zweiten Hälfte des 18. Jahrhunderts mit Stahlwaren und allerlei damit zusammenhängender „Industrie". In Pforzheim wurde im ursprünglichen Waisenhaus eine Zeug- und Zeuggarnfabrik eingerichtet; die hier von den Hugenotten hereingebrachte Schmuckherstellung beschäftigte bereits um 1800 mehr als 1 000 Arbeiter in über 80 Betrieben. Ein eklatantes Beispiel lebhaft-rascher Industrialisierung im Zusammenhang mit der Kontinentalsperre wies die mittelbadische Kleinstadt Lahr auf (vorwiegend Tabak– und Zichorienverarbeitung – Karl Ludwig Lotzbeck, 1754–1826, eigentlicher Begründer des badischen Tabakbaus, und Christian Trampler, 1770–1849, Initiator der süddeutschen Zichorienindustrie).
Zwischendurch sei uns ein kurzer Blick auf das badische Münzwesen gestattet. Es würde zu weit führen und ginge doch nur den Numismatiker und Sammler an, wollten wir über die zahlreich in unserm Land gefundenen römischen und mittelalterlichen Münzen und Brakteaten referieren, des weitern über die vielfältigen Gold- und Silberprägerechte nicht nur im markgräflich-badischen Raum (so gab es 1765 in den Markgrafschaften achterlei Goldmünzen, 11 Talersorten, 7 Guldensorten und vielerlei Kreuzerstücke, im ganzen über 50 verschiedene Münzsorten!), sondern etwa auch im Vorderösterreichischen (Freiburg als Prägeort der Rappen), vielmehr beschränken wir uns hier auf die badisch-großherzogliche Münzhoheit und Münzverwaltung: „Die Münzgeschichte Badens zerfällt in zwei Perioden: die erste vor, die andere nach den Münzverabredungen der Zollvereinsregierungen. – Jn der ersten Periode (von 1803/04 bis 1837/38...) wurden gemünzt..." (nach Heunisch, 1857; vgl. u.). Kupfer- und Silberscheidemünzen, grobe Silbermünzen und Goldmünzen (Dukaten, Fünf- und Zehnguldenstücke sowie Fünfhundertkreuzer-Stücke), in der zweiten Periode (ab 1838/39 bis 1850 bzw. bis 1871/74) Kupfer- und Silbermünzen (Kreuzer) sowie grobe Silbermünzen (Gulden und Vereinsmünzen) und Goldmünzen (Dukaten). Dazu noch ein Kuriosum: „Es liegt dies im Prinzip, nur aus Rheingold badische Münzen darzustellen; dasselbe wird längs der badischen Rheingrenze, von Waldshut abwärts, gewonnen und von der Münzstätte der wahre Werth dafür bezahlt. Das Gold wird von den Angehörigen der Uferorte ausgewaschen, die sich damit – je nach der Größe der Ausbeute – einen mehr oder minder

reichlichen Taglohn verdienen. Die großh. Regierung läßt von Zeit zu Zeit auf Staatskosten die Goldwäschereien besuchen, damit eine zweckmäßige Benutzung der Goldgründe und ein verständiges Verfahren hierbei gesichert bleiben. Die sehr veränderliche Beschaffenheit des Stromes, der mehr oder minder große Wasserstand und der oft geringe Verdienst des Arbeiters machen die Goldausbeute sehr schwankend... Die durchschnittliche Ausmünzung besteht jährlich in 8- bis 9000 fl. [= Gulden]..." (ebda.). Nun, man hat dann bald aufgeben müssen; im Nachtrag zum „Heunisch" wird etwa errechnet, daß „pro Kopf der Bevölkerung von 1855 = 15,01 Gulden" aus diversen Münzen sich im Umlauf befanden. Das weitgehend vereinheitlichende Münzrecht im Deutschen Reich ab 1871 läßt dann lediglich noch gewisse Kopf- und Jubiläumsprägungen (bis 1918) zu.

Die Ära Großherzog Friedrich I.

Großherzog Friedrich hatte eine solide Erziehung erhalten. Er wurde Leutnant im Grenadierbataillon des Leibinfanterieregiments, bezog dann die Universität Heidelberg, „...ging hierauf auf die Universität Bonn, nahm 1848 im Hauptquartier Wrangels am schleswig-holsteinischen Feldzug teil und war bis zu seiner Berufung als Regent Kommandeur des 1. Reiterregiments zu Freiburg. Er hatte sich längere Zeit in Wien aufgehalten und war vom dortigen Hofe mit großer Auszeichnung behandelt worden." Soweit nochmals unser Gewährsmann Eduard Vehse[66], woraus zu ersehen, daß auch er Friedrich I. nichts Nachteiliges nachzusagen weiß. Im „Deutschen Literatur-Lexikon"[67] findet sich ein Beitrag über Friedrich I., wo es u. a. heißt: „... bemühte sich um das Verhältnis von Staat und Kirche (Kirchengesetzgebung v. 1860). Berief Eduard Devrient 1852 (–1870) zum Intendanten des Karlsruher Theaters. Verwaltungsreform 1863, anerkannte die Vorherrschaft eines liberalen Preußens, nachdem er 1856 Luise, eine Tochter des nachmal. dt. Kaisers Wilhelm I., geheiratet hatte. 1866 notgedrungen auf Seiten Österreichs, schloß er mit Preußen bereits am 28. 7. einen Waffenstillstand, er erklärte seinen Austritt aus dem Dt. Bund und schloß ein Bündnis mit Preußen. Die bad. Armee wurde nach preuß. Vorbild reorganisiert. 1870 trat er dem Norddt. Bund bei und schuf aus bad. Divisionen das XIV. preuß. Armeekorps. Am 18. 1. 1871 rief er als Erster das Hoch auf Kaiser Wilhelm aus. – Begr. der Bad. Hist. Kommission, Förderer der Universitäten. – Schriften: Ansprachen...des Großherzogs F. von Baden..., 1902; Reden und Kundgebungen 1852–1896..., 1903; Jugenderinnerungen Friedrichs I. von Baden 1826–1847..., 1921..."; es folgen etliche Literaturangaben, sowohl vor als nach 1918.

Die badische Literatur (vgl. dazu u. a. Wilhelm E. Oeftering, „Geschichte der Literatur in Baden"[68]) soll und kann hier nicht als ein kompletter Abriß dargeboten werden. Wir haben vielmehr vereinzelt, aus der jeweiligen Zeit heraus, einige wesentliche und überregional bedeutsame Erscheinungen genannt. Erinnert sei hier kurz nochmals an die ersten Höhepunkte klösterlicher (Reichenau) und ritterlicher Dichtung (Burkart von Hohenfels, Konrad von Stoffeln, Hugo von Langenstein, Egenolf von Staufenberg, Bligger von Steinach), an Mystik (Heinrich Seuse) und Humanismus (vgl. o.), an die Passionsspiele in Freiburg, Donaueschingen und Villingen, ans höfische Karlsruhe und Mannheim und an die Heidelberger Romantik zu Beginn des 19. Jahrhunderts – alles das in gewisser Weise Frühvarianten innerhalb des nachmaligen badischen Raumes, worin bodenständige und von auswärts einfließende Elemente und Kräfte in prismenreichem Wechselspiel zusammenfinden. In diesem Zusammenhang sollte indes zumindest auf eine Dominante ausführlicher hingewiesen werden, nämlich auf das badische Erzählen und insbesondere auf das damit eng verknüpfte „Kalendermachen". Die Tradition setzt zumindest mit Grimmelshausen ein („Ewig-währender Calender" von 1670; „Europäischer Wundergeschichten-Calender" von 1670 bis 1672); ein neuer Höhepunkt ergibt sich mit Johann Peter Hebel, dessen Anreger kein Geringerer als Karl Friedrich war, denn der Absatz des bisherigen „Churfürstlich badischen gnädigst privilegierten Landkalenders für die badische Marggravschaft lutherischen Antheils" war mehr und mehr zurückgegangen – „da sandte Hebel am 18. Febr. 1806 ein ‚Unabgefordertes Gutachten über eine vorteilhaftere Einrichtung des Calenders' ein, worin er einen einladenden Namen, größere Sorgfalt beim Druck, Wiedereinführung der roten Farbe, der astrologischen Praktika und des Aderlaßmännleins, Erweiterung des Textteils, Gleichförmigkeit im Arrangement, frühzeitige Auslieferung und vor allem die Übertragung der Redaktion an einen einzigen Bearbeiter auf dem Lande... forderte... Hebel erklärte sich [nachdem man ihm die Gesamtkalenderredaktion übertrug] nach anfänglichem Sträuben bereit, die Arbeit zu übernehmen. Er gab dem Kalender den neuen Namen ‚Rheinländischer Hausfreund' und verwandte die besten Stunden seiner Muße zur Ausarbeitung der Geschichten..."[69]. Was daraus geworden, wissen wir alle, es kamen so die Bände des „Rheinländischen Hausfreundes" von 1808 bis 1811 sowie der „Rheinische Hausfreund" 1813, 1814, 1815 und 1819 zustande, des weitern verdankt ihm auch das „Schatzkästlein des rheinischen Hausfreundes" (1811 u. ö.) sein Entstehen, in dem der Dichter seine wertvollsten Kalenderbeiträge in einem der damals angesehensten Verlage (Cotta) zu versammeln wußte. „Der Hausfreund redet zum dritten Male [1813] den geneigten Leser an, und wünscht ihm das neue Jahr. – Anno Eilf hat er gesagt, in Zukunft, hoff er, solls mit dem Kalender besser werden. Er hat nicht gesagt: ‚im nächsten Jahr', sondern in Zukunft, nämlich von Anno Dreizehn an. – Denn der rheinländische Hausfreund hat sich jetzt seßhaft niedergelassen in Lahr im Breisgau... und hat mit dem Herrn Buchdrucker Geiger allda und mit dem Herrn Buchdrucker Katz in Pforzheim so zu sagen gemeine Sache gemacht... er wolle den Hausfreund schön drucken und pressen, daß es eine Art habe, nicht anderst, als wie sein eigenes Kind, nämlich den Lahrer hinkenden Boten..." – womit wir auf eine weitere badische Kalendertradition gestoßen sind: „Des Lahrer Hinkenden Boten neuer historischer Kalender für den Bürger und Landmann auf das Jahr 1977" erscheint bereits im 177. Jahrgang! Von der badischen Kalendertradition kann indes nicht gesprochen werden, ohne daß man des „Kalendermanns" Alban Stolz gedächte (* 1809 in Bühl, † 1883 als Direktor des Freiburger Theologischen Konvikts und Professor für Pastoraltheologie an der Freiburger Universität), sein „Compass für Leben und Sterben – Kalender für Zeit und Ewigkeit" (1843, 1844 und 1859) dürfte das Bleibendste sein, was dieser fruchtbare Gelehrte und Volksschriftsteller zeitlebens geleistet hat.

Großherzog Friedrich I. war zwar weder ein Dichter noch ein Literat, aber er hatte nachweislich viel Sinn für Kunst und Wissenschaft, und er war grundehrlich gegenüber sich selbst und seiner Umwelt: „Der Lebenslauf eines jeden Menschen ist ein Stück Zeitgeschichte... Wenn ich es versuche, aus meinen Erinnerungen schöpfend, das Wertvollste zur Darstellung zu bringen und es damit nutzbar zu machen, bin ich mir wohl bewußt, daß das Persönliche hierbei nicht allzu vorwiegend sein darf..."[70]. „Jn solchem Fühlen und Denken, Reden und Handeln... kam Großherzog Friedrich zu Jahren und erfuhr in Freud und Leid das menschliche Geschick... Durch die Äußerungen seiner späteren Jahre weht zuweilen leise die geistige Wehmut eines Mannes, der inmitten der Nachgeborenen eine voll durchlebte größere Vergangenheit im Herzen trägt, seine sinnreichen Mahnungen gewinnen historischen Klang... Unermüdlich aber stellt er auch dieses Jnnenleben in den Dienst der Gegenwart; unter allen Gestalten seiner Treue ragt die Pflichttreue doch am höchsten auf... Tief bewegt dankte er 1896 bei der Nachfeier seines siebzigsten Geburtstages den Heidelbergern: ‚für das, was Sie mir zutrauen, was Sie von mir halten, was Sie von mir glauben. Aber, meine Herren,' setzte er hinzu, ‚Sie werden auch mit mir empfinden, wenn ich Jhnen sage: es ist zuviel, es war zuviel gesagt von all den Rednern, so liebevoll es auch gemeint war. Jch kann nicht alles annehmen für mich, und ich will Jhnen sagen, warum.' Und nun wies er auf die Lehrer seiner Jugend hin und auf die Vorbilder seines Berufs..."[71]. Vergleicht man die offiziellen Biographien mit dem sonst Überlieferten bis hinein ins Anekdotische und Persönlich-Zufällige, man wird stets zur Grundauffassung gelangen, daß hier ein rechter Mann am rechten Ort und daß sich die persönliche Bescheidenheit und natürliche Klugheit dieses Landesherrn allzeit vornehm ausnahm. Es verhält sich zudem keineswegs so, daß dieser Großherzog von seiner Zeit und von seinem Geschick ausschließlich begünstigt worden wäre, außen- und vor allem innenpolitisch hatte er manche difficile Lage zu meistern. Zugegeben, nach dem deutsch-französischen Krieg 1870/71 trieb seine Zeit in eine ruhige und von Glück und relativem Wohlstand begünstigte Ära, aber er erlahmte nicht in seinen Bemühungen, die ihm anvertrauten Untertanen in materieller, sittlicher und künstlerisch-wissenschaftlicher Weise zu heben und zu bilden: Der kunstbegeisterte Großherzog förderte viele Maler, Bildhauer, Schriftsteller, Musiker und Gelehrte mit später oft großem Namen: unter ihnen Franz Xaver Winterhalter, den „Fürstenmaler Europas", Emil Lugo, Anselm Feuerbach und Hans Thoma. Die Kunstschule in Karlsruhe erlangte in jenen Jahrzehnten immer größere Bedeutung als Arbeits- und Lehrstätte vieler bedeutender Maler: „Die Gemäldegalerie in Karlsruhe... wurde zu einer repräsentativen Schau der Entwicklung badischer Kunst, bereichert durch wertvolle Erwerbungen aus allen Zeiten großer Malerei; in Mannheim entstand... eine mehr der neuen Malerei zugewandte Kunsthalle. In jeder badischen Stadt, ja, selbst in vielen Kleinstädten wurden Heimat-Museen errichtet, die das künstlerische und kunstgewerbliche Erbgut des badischen Volkes... bewahrten... Auch auf dem Gebiet der Musik entstanden in den letzten Jahrzehnten des 19. Jahrhunderts in allen größeren badischen Städten Fachschulen; es bildeten sich Orchester, zum Teil in Verbindung mit den badischen Theatern... Die Tradition der badischen Musikpflege blieb lebendig; einst hatte sie als Durlacher und als Mannheimer Schule im 18. Jahrhundert... sich einen Namen erworben... [Hier dürfen wir es uns nicht versagen, nachträglich an einen Konradin Kreutzer (1780–1849) und an die Furtwängler-Dynastie zu erinnern. Sein Vater war der namhafte Archäologe Adolf Furtwängler (* 1853 in Freiburg, † 1907 in Athen), der 1886 geborene nachmalige international berühmte Dirigent Wilhelm verstarb 1954, das Geschlecht entstammte mit dem 1809 geborenen späteren Gymnasialdirektor Wilhelm Furtwängler aus Gütenbach im Schwarzwald.]... so kann man auch von einer badischen Dichtung sprechen... Denn in ihr spiegelt sich die lebendige Vielfalt des kulturellen Lebens zwischen See und Main und nicht zuletzt die Eigenart des alemannischen, pfälzischen und fränkischen Wesens..."[72]. Es ist in der Folge dieses Zitats dann ausführlich von Hebel, dem 1826 verstorbenen Prälaten, Abgeordneten und alemannischen Dichter (vgl. o.) die Rede, des weiteren auch vom Kraichgauer Dorfschulmeister Samuel Friedrich Sauter (1766–1846), dem zunächst unbewußt originellen Mitschöpfer des Biedermeier (vgl. u.), dessen „Verherrlichung seines badischen Fürstenhauses" wir hier nicht entbehren möchten:

„Welch ein Jubel ohne Pausen
Tönt die Straß' von Wertheim her!
Auch durch unser Zaisenhausen
Brandet dieses Wonnenmeer.
Unsern Landesherrn zu sehen
Und in seiner Näh zu stehen,
Der mit Milde auf uns blickt,
Macht das ganze Dorf entzückt.
Alles ruft: Es leb' es blühe..."[73]

Hier muß vorab auch des Pfälzer Mundartdichters Karl Christian Gottfried Nadler (* 1809 in Heidelberg, † 1849 ebenda) gedacht werden, dessen „Gedichte in Pfälzer Mundart" (Fröhlich Pfalz, Gott erhalt's!", 1847) ein gewisses Pendant zu Hebels freilich bedeutungstieferen Mundartgedichten darstellen; seine ironisch gemeinten Heckerlieder („Das Guckkasten-Lied vom großen Hecker") mußten im darauffolgenden Jahr allerdings eine zeitbedingt geteilte Resonanz finden.
Alsdann kommt Haebler auf die „eigenartige Gestalt" des Dichters Joseph Victor (von) Scheffel zu sprechen (vom Großherzog 1876 geadelt). Auch wenn wir einerseits von der maßlosen Überschätzung seiner Werke durch seine Zeitgenossen und Direktnachfahren überzeugt und zudem um die vielfältige Tragik seines Schaffens wissen, müssen wir anerkennen, daß er in einer Zeit seltsamer dichterischer Tagesauffassung und Augenblicksgeltung doch genügend Charakter und Substanz besaß, hier genannt zu werden. Schon die Tatsache, in einem Großteil seiner Dichtung heimatgeschichtlichen Stoffen verhaftet zu sein, rechtfertigt sein Gedenken. Vielleicht daß er in seinen „Säkkingern Episteln" Besseres und Bleibenderes als in seinem vielgerühmten „Trompeter" und „Ekkehard" gegeben hat. Immerhin ihm zu Ehren:

„*Der letzte Postillon.*

Bald ist, soweit die Menschheit haust,
Der Schienenweg gespannt;
Es keucht und schnaubt und stampft und saust
Das Dampfroß rings durchs Land.

Der Schimmel trabt, die Peitsche schwirrt,
Laut schmettert Posthornton,
Als Geist kommt durch die Luft kutschiert
Ein greiser Postillon..."

Wo Scheffel genannt wird, darf ein Heinrich Hansjakob nicht fehlen. 1837 zu Haslach im Kinzigtal geboren, wurde er Priester und Religionslehrer, er machte sich wegen einer Schrift über die Hotzenwälder aufrührerischen Salpeterer bei der Regierung unbeliebt, hielt im Zusammenhang mit dem badischen Kirchenstreit eine Rede in Engen, die ihm Festungshaft in Rastatt einbrachte. Als Pfarrer in Hagnau am Bodensee hat er die erste badische Winzergenossenschaft begründet. Dem badischen Landtag gehörte er ein Jahrzehnt (1871–1881) an. 1884–1913 war er Stadtpfarrer in St. Martin zu Freiburg. Als Volksschriftsteller wurde er weit über die Grenzen unseres badischen Landes, ja über Deutschland hinaus bekannt und berühmt. Seine Schwarzwälder Bauern sind ebenso Originale wie er selbst. Seine Memoiren (vor allem „In der Residenz – Erinnerungen eines badischen Landtagsabgeordneten")[74] vermitteln ein Stück badischer Geschichte, dem selbst seine Gegner (er mußte sie haben!) Achtung zollten: „Mein Herz ist doppelt voll von Erinnerungen an den beendigten Landtag. Noch muß ich ob meiner Rede vom 25. Januar in verschiedenen Blättern Spießruten laufen und geistern, meist als böser, selten als guter Dämon. Schweigen kann ich zu dieser Geisterfahrt und zu diesem Spießrutenlaufen auch nicht immer; man könnte sonst meinen, ich hätte kein gutes Gewissen oder man habe mich ‚mundtot' gemacht." (ebda.) – Noch eines manchen auch überregional wirkenden Dichters wäre hier zu gedenken, etwa des Kaiserstühlers Emil Gött, der als Einsiedler und Erfinder und Nietzsche-Anhänger in seiner Zähringer Leihalde hauste, oder des Heidelberger Lyrikers Alfred Mombert, der seinen Mythen lebte, auch des Pforzheimers Emil Strauß, dessen historischer Roman „Der nackte Mann" ebenso erzählerisch bedeutsam wie seine Novelle „Der Laufen" sein dürfte. Aus dem Frankenland sind vor allem Wilhem Weigand (1862–1949) und Benno Rüttenauer (1855–1940) zu erwähnen. Schließlich soll hier auch noch der Karlsruher Frommel-Familie gedacht werden, der Vater Karl Ludwig war Maler, Kupfer- und Stahlstecher und Galeriedirektor gewesen, zwei Söhne (Emil, 1828–1896, und Max, 1830–1890) wirkten schriftstellerisch und beendeten ihre jeweilige Laufbahn in hohen Stellungen außerhalb des Landes, der erstere als Berliner Garnisonspfarrer und Hofprediger, der letztere als Generalsuperintendent in Celle. Aus demselben Geschlecht stammte Otto Frommel (1871–1951), der sowohl mit theologischen Werken als auch mit einer stattlichen Reihe von beliebten Romanen und Erzählungen hervorgetreten ist.

Nicht unerwähnt bleiben sollte hier schließlich der Geograph und Begründer der nachmaligen Geopolitik Friedrich Ratzel, 1844 in Karlsruhe als Sohn eines großherzoglichen Kammerdieners geboren, 1904 als Professor in Leipzig verstorben; in seinem „Deutschland"-Band[75] findet sich das badische Land in die größeren geographischen und staatlichen Zusammenhänge hineingestellt; seine Jugendjahre schilderte er in „Glücksinseln und Träume"[76].

Wir sprachen von den vorwiegend innenpolitischen Aufgaben und Belastungen der Regierungszeit Friedrichs I. Im Zug der inneren Verwaltung ist es bereits 1863/64 zu einer neuen Kreiseinteilung gekommen. 1860 war ein Handelsministerium errichtet worden, 1862 konnte die bürgerliche Gleichstellung der Juden durch Gesetz verankert werden. Vier Landeskommissariaten waren nunmehr 59 Bezirksämter unterstellt. 1864 wurde auch ein Verwaltungsgerichtshof als Berufungsinstanz ins Leben gerufen. Im selben Jahr kommt es zu einer Neusetzung der badischen Justizverwaltung. Schwierigere Probleme ergeben sich in der Innen- und Kulturpolitik der Jahre nach dem 70er Krieg. Der Bismarckische Kulturkampf warf seine Schatten auch auf das Musterland. Die Einführung obligatorischer Simultanschulen (1876) kann als ein Höhepunkt der Auseinandersetzungen zwischen Staat und (katholischer) Kirche angesehen werden. Freilich war es bereits zur Regierungszeit Leopolds zu wiederholten und teils auch schwerwiegenden Differenzen solcher Art gekommen, verschärft wurde die Situation nachmalig etwa im badischen Kirchenstreit unter Erzbischof von Vicari (1853/54) und in den Vorverhandlungen zum 1860 abgeschlossenen Konkordat. Während der Ära des Ministers Jolly (1866–1876) kommt es dann zu heftigen Auseinandersetzungen zwischen staats-kirchlicher Diktatur und katholisch-ultramontanem Denken. Das Gesetz über die Notzivilehe (1860) läßt die ohnehin erregten Gemüter nicht so leicht beschwichtigen. Dasselbe gilt für das Altkatholikengesetz (1874), wonach die „Altkatholiken keinen Verlust der ihnen als Katholiken zustehenden Rechte leiden sollen". Im selben Jahr wurde auch seitens der Regierung die Militärfreiheit der Geistlichen aufgehoben. Es gab in der Folge eine Reihe von Kompromissen und Übergangsgesetzen, aber auch kolossale Verhärtungen der Fronten, so etwa die Schließung des Theologischen Konvikts und die Untersagung jeglicher kirchlicher Ämterausübung für Neupriester seitens der Regierung, des weitern ein Verbot der Ordensaushilfe in Seelsorge und Erziehungsanstalten, schließlich das Examensgesetz, demzufolge sich die Geistlichen zur Religionsunterrichtsausübung zusätzlichen staatlichen Prüfungen zu unterziehen hätten. Ab 1880 kommt es zu wesentlichen Gesetzesmilderungen seitens der Regierung, 1888 wird den Kirchen das Recht zur Erhebung der Kirchensteuern gesetzlich übertragen. Die letztlich liberale, d. h. tolerante Einstellung des Großherzogs führt zunehmend zu einem Ausgleich mit der katholischen Kirche. – 1874 konnte auch die bereits unter Großherzog Karl von Johann Gottfried Tulla († 1828) begonnene Rheinkorrektion beendet werden; des „Rheinbändigers" Pläne hatten seinerzeit viel Widerspruch erregt, zeitweise mußte Militär die Arbeiter gegen die Angriffe einer aufgebrachten Bevölkerung schützen. 1838 beschloß der Landtag den Eisenbahnbau von Mannheim bis zur Schweizer Grenze: „Der weitere Ausbau des Eisenbahnnetzes wurde von der Regierung ununterbrochen mit besonderer Tatkraft betrieben... Die Dichtigkeit des badischen Eisenbahnnetzes war im Vergleich zu anderen Ländern... günstig ..." berichtet Altenstetten („Das notwendige Bundesland am oberen Rhein"). Um die Jahrhundertwende kamen so in Baden pro Quadratkilometer Fläche 12,7 km Geleise (zum Vergleich: in Bayern, Preußen und Württemberg nur zwischen 8 und 9 km), Baden stand somit (nach Sachsen) an zweiter Stelle im damaligen Deutschen Reich (weitere Einzelheiten vgl. u.). Das Postkutschenzeitalter war damit in Baden mehr und mehr in die abgelegeneren Gegenden verdrängt worden. Noch waren ja keine hundert Jahre vergangen, seitdem das eben konstituierte Großherzogtum zum 1. August 1811 unter erheblichem finanziellen Aufwand das Postregal von Thurn und Taxis, die dieses für Großteile unseres Landes jahrhundertelang innegehabt, zurückerworben hatte. Und es brauchte kein weiteres Jahrzehnt, bis der inzwischen aufgekommene Kraftwagenverkehr die insbesondere von den Hotels gehaltenen „Omnibusse" mehr und mehr verdrängte. Weder reitende Boten noch sechsspännige Eilwagen konnten da auf zunehmend ausgebautem Straßennetz mehr mithalten, und allenfalls als Ferienattraktion bediente man sich in entlegenen, romantisch und idyllisch gelegenen Schwarzwaldorten noch dergleichen.

Es ist noch keiner so recht dahintergekommen, weshalb das großherzogliche Baden immer wieder als das Musterland („Musterländle") bezeichnet wurde. Manche wollen es mit seiner frühen liberalen Verfassung (von 1818; vgl. o.), manche auch mit dem revolutionären Geist der Jahre 1848/49 (vom Staatsdenken der damaligen Zeit zwar alles andere als ein mustergültiges Verhalten!) begründen und in Verbindung bringen, wieder andere: weil das im Großherzogtum Baden alles so exakt, so bürokratisch oder preußisch auch (der Schwiegervater!) geregelt war. Schaut man sich gerade im „offiziellen" Schrifttum der Ära Friedrichs I. entsprechend um, findet man dergleichen freilich bestätigt. Das hat alles in allem durchaus sein Gutes, zumal wenn man den Zeitgeist genügend kennt; daß mitunter auch übers Ziel hinausgeschossen wurde, ist verständlich und darf einen nicht ohne weiteres über jene Zeit erheben. Schon 1854 etwa gibt es in 4. Auflage ein „Formularbuch für das Großherzogtum Baden ..."[77] oder bereits 1852 den „Hausfreund in Conscriptionssachen für Badische Bürgermeister, Rathsschreiber, Eltern und Vormünder Conscriptionspflichtiger"[78], 1878 den stattlichen Band „Tabellen über die Ortsentfernungen ..."[79], und das Bändchen „Die Mitglieder der Ersten Kammer der Badischen Ständeversammlung in den Jahren 1819 bis 1896"[80] ist ebenso perfektioniert wie etwa die „Statistischen Angaben über das Großherzogtum Baden nebst Gemeindeverzeichnis"[81]. Hier vielleicht auch noch die Erwähnung einiger größerer Unternehmungen, vor allem der 800 Seiten umfassende (bereits oben zitierten) Band „Das Großherzogthum Baden, historisch-geographisch-statistisch-topographisch beschrieben"[82], es handelt sich hierbei um die Neubearbeitung des bereits klassisch gewordenen (weil mit hübschen Holzstichen versehenen) „Heunisch"[83], sowie des Haupt- und Staatsoeuvres „Das Großherzogtum Baden – in geographischer, naturwissenschaftlicher, geschichtlicher, wirtschaftlicher und staatlicher Hinsicht dargestellt. Nebst vollständigem Ortsverzeichnis"[84]: „Veranlassung zur Herausgabe des vorliegenden Werkes war das seit Jahren mehr und mehr hervorgetretene Bedürfnis, eine auf zuverlässiger Grundlage beruhende Darstellung der Verhältnisse unseres Landes zu besitzen ... So möge denn dieses Werk in weite Kreise dringen und Kenntnis geben von den gesegneten Zuständen, deren sich unser schönes Vaterland unter der weisen Regierung seines hoch- und edelsinnigen Fürsten erfreut." Die Hauptkapitel dieses Werkes: „Land und Natur / Geschichte und Altertümer / Das Volk / Wirtschaftliche Verhältnisse / Der Staat." Und aus der Einleitung: „Das Großherzogtum Baden besteht in seiner gegenwärtigen Größe und Bedeutung seit dem Anfang unseres Jahrhunderts. – Wohl hatte es vor nun bald siebenhundert Jahren den Anschein, als seien die Zähringer bestimmt, Gründer einer mächtigen Herrschaft im Südwesten unseres Vaterlandes zu werden; aber die damals vereinigten Besitzungen gingen geteilt in fremde Hände über und selbst die Stammburg, die den Namen des Geschlechtes trug, hat mehrmals den Besitzer gewechselt, bevor sie wieder an die Nachkommen ihres Erbauers zurückgefallen ist."

Ohne indes hier weiter rekapitulieren und detaillieren zu wollen, wenden wir uns nach solcher Bestandsaufnahme am Rande wieder den Gegebenheiten des badischen Staates vor der Jahrhundertwende zu.

Zunächst sind da noch einige Nachträge zum außenpolitischen Geschehen der 60er und 70er Jahre: 1860 hatte es im Baden-Badener Neuen Schloß auf Initiative des Großherzogs einen „Fürstenkongreß" gegeben, und drei Jahre später zogen ebenda die Kaiser Franz Joseph von Österreich, Alexander von Rußland und Napoleon III. ihre Bilanzen. Im selben Jahr 1863 war Friedrich I. auf dem Frankfurter Fürstenkongreß unerschrockener Wortführer gegenüber österreichischen Plänen eines bloßen Staatenbundes aufgetreten, eine Dankadresse des Landes apostrophierte ihn als „Vorkämpfer für eine wahrhaft volkstümliche Neugestaltung Deutschlands". Leider „... war es Friedrich I. nicht möglich [im preußisch-österreichischen Krieg von 1866], seine Truppen an die Seite Preußens zu führen: Hessen, Württemberg, Bayern, die Nachbarn, standen auf der Seite Österreichs, und auch die Sympathien des badischen Volkes waren nicht bei Preußen, beim ‚Kartätschenprinz' und Bismarck ... So zog die badische Division des 8. Bundesarmeekorps nach Norden, in den Taubergrund; dort fochten in den letzten Julitagen 1866 die badischen Kontingente gegen die Preußen bei Hundheim, Werbach und Gersbach. Aber die Entscheidung war schon bei Königgrätz gefallen. Am 29. Juli setzten sich die badischen Truppen befehlsgemäß ab ..."[85]. – Im deutsch-französischen Krieg von 1870/71 belagerten die badischen Truppen unter General von Werder zunächst Straßburg; am 30. August zog Großherzog Friedrich nach der Kapitulation der Festung an der Spitze der badischen Regimenter in diese Stadt ein. Es folgten die Belagerung von Belfort, die Eroberung von Dijon, die siegreichen Schlachten von Nuits und an der Lisaine ... das war im Januar 1871.

Inzwischen war der Großherzog ... nach Versailles ins Hauptquartier gefahren, um dort ... einen Vertrag abzuschließen: Baden erklärte darin seinen Beitritt zum neuen deutschen Bund, übertrug ihm seine auswärtige Vertretung, Post und Telegraphie ... Der Landtag bestätigte diese Verträge fast einstimmig. Großherzog Friedrich I. hatte das Ziel seiner Politik erreicht: am 18. Januar 1871 brachte der badische Fürst ... das erste Hoch auf Kaiser Wilhelm I. aus ..."[86]. Noch im Kriegsjahr 1871 hatte Heinrich Goll „Im Auftrag der Haupt- und Residenzstadt Karlsruhe" ein „Gedenkbuch für das badische Volk und seine Krieger – Aus den Kriegstagen 1870–71"[87] erscheinen lassen, im Vorwort heißt es darin u.a.: „... bietet sie [die Dankesfreude]... ein Gedenkbuch an diese Tage sorgenvollster Spannung und glorreichster nationaler Erhebung...". Dergleichen aus der Zeit heraus zu verstehen und das Gang-und-Gebe-Pathos mit in Kauf zu nehmen, ist zwar nicht ohne weiteres mehr zumutbar, will aber in unserer Darstellung auch nicht ganz und gar unterdrückt werden. Daher abschließend aus dem Schreiben des eben zum deutschen Kaiser ausgerufenen Königs Wilhelm an seinen Schwiegersohn Friedrich: „... Freundlich lieber Vetter, Bruder und Schwiegersohn! ... danke ich Eurer Königlichen Hoheit für diesen Beweis Jhres Vertrauens ... Jch nehme die deutsche Kaiserwürde an, nicht im Sinne der Machtansprüche, für deren Verwirklichung in den ruhmvollsten Zeiten unserer Geschichte die Macht Deutschlands zum Schaden seiner inneren Entwicklung eingesetzt wurde, sondern mit dem festen Vorsatze ...als deutscher Fürste der treue Schirmherr aller Rechte und das Schwert Deutschlands zum Schutze derselben zu führen ...". Konsequenzen zu ziehen, erübrigt sich hier, die Geschichte hat ihre Konsequenzen bekanntlich so und so gezogen ...

In den 80er und verstärkt in den 90er Jahren des vergangenen Jahrhunderts setzte in Baden eine erhöhte und endgültige Industrialisierung ein. Zwar hatte man sich von jeher der Technik und ihren Vorteilen und Produkten gegenüber seitens der Regierung aufgeschlossen gezeigt (so hatte Baden die erste deutsche Staatliche Eisenbahn und mit Robert Gerwig einen ihrer großen Pioniere), auch waren die Bewohner im Schwarzwald schon immer geschickte Bastler und Erfinder (Uhren und Spielautomaten) – das neue Wirtschafts- und Erwerbsleben mit seinen Exporttendenzen konnte sich indes erst aufgrund der allgemein intensiver werdenden Industrialisierung entfalten. Carl Friedrich Benz konstruiert in Mannheim 1885 das erste entwicklungsfähige Automobil, der dortige Rheinhafen wird vergrößert, in Karlsruhe und Kehl werden neue Rheinhäfen gebaut, das Schienennetz wird erweitert und mittels Stichbahnen in die entlegeneren Schwarzwaldtäler vorangetrieben (dabei entstehen Pläne, die selbst in unserm 20. Jahrhundert nicht verwirklicht wurden, etwa die Fortführung der Elztalbahn ins Kinzigtal oder der Ausbau der Höllentalstrecke zur internationalen Verbindung Paris – Wien mit Zweigleisigkeit). In diesem Zusammenhang erfolgte auch die Umwandlung der bisherigen Polytechnischen Schule in Karlsruhe zur Technischen Hochschule (1885), ein Jahr später entdeckte Hertz an dieser Forschungsstätte das Phänomen der elektrischen Wellen. Gefördert werden auch die beiden badischen Landesuniversitäten Heidelberg und Freiburg (letztere hatte man im ersten Jahrzehnt des jungen Großherzogtums wegen finanzieller Schwierigkeiten eigentlich auflösen wollen). 1893 wird in der Landeshauptstadt, deren Fächergrundriß ebenso einmalig wie die Weinbrennersche klassizistische Architektur typisch, das erste zur Universitätsreife führende Mädchengymnasium gegründet, 1907 errichtet die Stadt Mannheim eine Handelshochschule, die vier Jahre später staatlich anerkannt wird. Für die Landtagswahlen wurde 1905 erstmals die Direktwahl eingeführt und die Wahlkreiseinteilung reformiert; Sozialdemokraten und Nationalliberale schlossen sich im selben Jahr zusammen, um eine absolute Mehrheit des vom „Zähringer Löwen" Theodor Wacker geführten katholischen Zentrums zu vermeiden.

Man hat dem Großherzog Friedrich I. nachgesagt, er sei nicht ganz unschuldig am Sturz Bismarcks gewesen. Da er Preußen bzw. seinem Reich die Treue halten wollte, mag daran etwas Wahres sein. Wie sagte es Erich Marcks in seiner Rede „Baden, Preußen und Deutschland in Großherzog Friedrichs Geschichte?"[88] „Baden ist auf den Wegen weitergeschritten, in die er selber es einst deutlich hineingeführt hatte. Aber wir sagen es: es waren Wege, die herkamen aus der Vergangenheit des Zähringer Geschlechtes und Staats. Und der 80jährige Herrscher empfindet in sich – er hat sie oft gepriesen – die ganze Wirkungsmacht der historischen Zusammenhänge. Wie [mit] Kaiser Wilhelm I. ... man ihn unwillkürlich und gern zusammenrückt, so fließt altes und neues auch in ihm in Eins zusammen. Jhm selber freilich ist Kaiser Wilhelms Name ... der Ausdruck für seine eigene Arbeit an und im Reiche; er hat ein gutes Recht, diesen Zusammenhang, die historische Macht von 1870, für sich aufzurufen ...".

„Mit allerhöchster Genehmigung" durfte der damalige Chefredakteur der „Karlsruher Zeitung" und der „Süddeutschen Reichs-Korrespondenz", Julius Katz, anläßlich des 50jährigen Regierungsjubiläums des Großherzogs die „Ansprachen Seiner Königlichen Hoheit ... Friedrich von Baden" herausgeben[89]; in einer vorangestellten Würdigung heißt es dort u. a.: „Nicht gebeugt von der Last der Jahre, Geist und Körper in bewundernswerther Frische, so beging [der 76Jährige] die Feier der Vollendung des fünfzigsten Jahres seiner an Mühen und Sorgen, an Kämpfen und Erfolgen reichen Regierung ... Muth, Ausdauer und Pflichttreue waren da zu Zeiten die einzigen Stützen, den kühnen Aufbau einer Regierungspolitik zu tragen, die, vielfach mißverstanden und von kleinlicher Sonderbündelei heftig bekämpft, in ihren Anfängen selbst von den Gutgesinnten im Vorwärtsschreiten und Zweifeln behindert und bestenfalls nur mit halbem Herzen gefördert worden ist...". Bei allen Abstrichen, die wir dem zeitbedingten monarchistisch-nationalen Denken zuzubilligen haben, soll und kann es nicht verschwiegen werden, daß sich gerade dieser badische Großherzog zunehmend der Sympathien seiner Untertanen versichert hatte. Das zeigen auch die hier vereinigten Ansprachen bald zu diesen, bald zu jenen Anlässen, an und für sich Fürstlich-Alltägliches, doch immer wieder geschickt, ja liebevoll den jeweilig Versammelten angepaßt. Gleich ob es sich um die Eröffnung einer Gartenbauausstellung oder um den Empfang einer Abordnung des Bundesrates, ob es sich um offizielle Besuche in Mannheim, Heidelberg oder Freiburg, um ein Bankett zu Ehren eines Altertumsvereins oder der Technischen Hochschule „Fridericiana" handelt oder um eine kurze Rede vor Vertretern des Arbeiterbildungsvereins oder anläßlich der Eröffnung des Karlsruher Rheinhafens – stets findet der Großherzog den rechten Ton und die individuelle Note, ohne deshalb sprachlichem d. h. rhetorischem Pathos anheimzufallen, wie dies doch sehr in der Zeit gelegen hatte; als Beweis hierfür diene ein knapper Auszug aus seiner Rede vor den Vertreterinnen der badischen Frauenvereine: „Jch wünsche von ganzem Herzen, daß es Jhnen auch ferner gelinge, noch viel Gutes zu leisten und zu schaffen. Wenn ich das ausspreche, so werden Sie es auch gerechtfertigt finden, daß ich der Großherzogin meinen Dank sage. Denn ihrer Mitwirkung ist es zu verdanken, daß die Frauenvereine zu solcher Ausdehnung kommen konnten. Möge Gottes Segen auf Ihrer Arbeit ruhen."

Großherzog Friedrich II.

1907 ist dann das Jahr der letzten großherzoglichen Wachablösung: es folgt seinem verstorbenen Vater dessen einziger Sohn als Großherzog Friedrich II. von Baden. 1857 geboren, hatte er im Sommersemester 1876 die Universität Heidelberg bezogen, wo er sich rechts- und staatswissenschaftlichen und auch historischen Studien widmete. „Aber auch seine militärische Ausbildung sollte nicht vernachlässigt werden ... 1880 wurde er als Leutnant in das I. Garde-Regiment zu Fuß nach Berlin versetzt, um unter den Augen seines kaiserlichen Großvaters Dienst zu tun ... In den ersten Tagen des November 1881 warf eine tückische Krankheit Großherzog Friedrich I. auf ein langes schmerzliches Krankenlager. Am 10. November mußte er seinen Sohn, Erbgroßherzog Friedrich, mit seiner Stellvertretung betrauen. Derselbe führte bis zur völligen Wiederherstellung des Vaters fast ein ganzes Jahr [die Regierung] .. Dann ging es wieder nach Berlin zurück, eine Kompagnie... zu führen. Und aus dieser Kompagnie wurde ein Bataillon...". Ob das der richtige Werdegang eines Fürsten, der im 20. Jahrhundert zu regieren hatte, war, bleibe dahingestellt; Etikette und Zeitgeist wollten es nun einmal so. Wir zitierten weiteres aus dem Bändchen „Friedrich I. und Friedrich II. – Die letzten Großherzöge von Baden"[90]: „Am 20. September 1885 fand die Trauung [mit Prinzessin Hilda von Nassau] auf Schloß Hohenburg statt, in Gegenwart der beiden Väter als Zeugen ... und der Abgesandten des Königs der Niederlande und des Königs von Bayern ... Am 26. September fand dann der Einzug des neuvermählten Paares in Karlsruhe statt ... Die nächsten Jahre bis 1902 treffen wir Erbgroßherzog Friedrich nach seiner Vermählung ausschließlich im Dienst für ‚Kaiser und Reich' durch Ausübung einer immer höheren und umfangreicheren militärischen Wirksamkeit. Zunächst ging er nach Freiburg zum V. badischen Infanterieregiment Nr. 113, dessen Oberst er ... 1889 wurde. Die Freiburger freuten sich ungemein, daß die alte Zähringerstadt für die nächsten Jahre eine Zähringer Residenz wurde ... 1891 erfolgte durch Kaiser Wilhelm II. seine Ernennung zum Generalmajor ... 1897 ernannte ihn an seinem Geburtstag Kaiser Wilhelm II. zum General der Infanterie und sandte ihn als Kommandeur des VIII. Armeekorps nach Koblenz ... 1902 kehrte er in die Heimat zurück, abwechselnd in Karlsruhe, abwechselnd im schönen Badenweiler sich aufhaltend, um jederzeit dem Vater nahe zu sein und an seine Seite zu treten. Studien militärischer und praktischer rechts- und staatswissenschaftlicher Art, sowie direkte Beschäftigung mit Staatsangelegenheiten füllten seine Zeit reichlich aus. Auch an den Arbeiten der ersten Kammer nahm er fortan wieder mit der ihm eigenen Gewissenhaftigkeit persönlich Anteil ... Der Kaiser aber würdigte seine Verdienste um das Heer, indem er ... ihm ... 1907 die Stellung des General-Inspekteurs der V. Armee-Inspektion übertrug, kurz nachdem er Großherzog geworden war ... Am 11. September 1909 endlich erhielt er den Rang als Generalfeldmarschall und damit die höchste militärische Würde, die ein deutscher Kaiser zu verleihen hatte."
Das klingt zwar nicht unbedingt säbelrasselnd, aber immerhin sehr militärisch, wenn nicht militaristisch. Doch beruhigen wir uns: „Auch unter ihm sind liberal gefärbte Regierungen im Amt. 1911 wird die Abteilung Kultus und Unterricht des [bisherigen] Justizministeriums zu einem besonderen Ministerium erhoben und der Oberschulrat aufgelöst. Mit der Errichtung einer Abteilung für Wasserkraft und Elektrizität bei der Oberdirektion des Wasser- und Straßenbaus nimmt das Land 1912, beispielgebend für die anderen deutschen Bundesstaaten, die Energieerzeugung aus Wasserkräften in eigene Regie..."[91].
Großherzog Friedrich II. – das beweist nachdrücklich seine freilich nur knappe Regierungszeit – ist trotz seiner zunächst ausgesprochen militärischen Laufbahn kein Militarist im negativen Wortsinn gewesen. Lesen wir etwa in den Ausführungen des lange Jahrzehnte mit ihm in persönlicher Berührung stehenden Seelsorgers des großherzoglichen Hauses, des Präla-

ten Ludwig Schmitthenner („Großherzog Friedrichs II. Charakterbild", in: „Die Großherzöge Friedrich I. und Friedrich II. und das badische Volk"[92]), so müssen wir die vorgefaßte Meinung doch weitgehend revidieren: „Sein Bild trägt die Züge eines hohen Menschentums in der langen Zeit seines Soldatenlebens, wie in den Jahren, da er die Krone trug, in dem Jahrzehnt seiner stillen Zurückgezogenheit, wie in der letzten Zeit seines schweren Leidens. So hatte sein Leben das Gepräge einer festen ausgereiften Geschlossenheit ... Die Menschenfreundlichkeit des Großherzogs war im Volke bekannt. Sie war sofort jedem spürbar, der mit ihm in Berührung kam. Auch dem Geringsten versagte er nicht die achtungsvolle Anrede und den freundlichen Gruß ... An die Menschenfreundlichkeit und liebevolle Güte reihte sich ... die Ritterlichkeit, jene vornehme Gesinnung, die nicht Vorrechte für sich in Anspruch nimmt ... Wo zu der Ritterlichkeit... sich noch der ausgeprägte Zug der Pietät... fügt... Wenn sein Geburtstag auf einen Sonntag fiel, dann – aber nur dann – wohnte er dem Gottesdienst im engsten Kreise bei. – Aber sein Befehl an den Prediger war: ‚Kein rühmendes Wort von mir! Gott allein gebührt Dank, Ehre und Preis!' ... Was ihm liebe Gewohnheit geworden war, das suchte er festzuhalten. Es war die Treue gegen das Alte, Überkommene ... Die Treue gegenüber einer übernommenen Pflicht, die Pflichttreue, die auf einem stark ausgeprägten Verantwortungsbewußtsein beruhte ... Man hat wohl manchmal eine gewisse Entschlußlosigkeit an ihm getadelt und nicht verstehen können ... Seine Ärzte konnten die Geduld des Großherzogs in seinen Leidensjahren nicht genug rühmen... Kein Heiligenleben stellt es dar, aber ein Menschentum von hoher Schönheit. Es könnten gewiß andere Gestalten mit ähnlichen oder noch leuchtenderen Zügen aufgewiesen werden in Geschichte und Leben ... So wie wir ihn kannten und liebten, wie er unter uns lebte, möchten wir ihn in dankbarem Gedächtnis behalten."

Im Weltkrieg hatte Großherzog Friedrich II. von Baden aufgrund seines fortgeschrittenen Alters und seiner zunehmend gefährdeten Gesundheit keinen aktiven militärischen Auftrag mehr. Indes ließ er sich weder davon abhalten, die an die Front abrückenden Truppen großteils persönlich zu verabschieden, noch die entsprechenden Frontabschnitte des öfteren zu besuchen. So inspizierte er bereits im September 1914 von Metz aus zahlreiche Teile des 14. Armeekorps, auch Ersatzeinheiten, Trosse und Feldlazarette; im Januar 1915 weilte er wiederholt in Belgien und im September desselben Jahres besuchte er die ostpreußischen Schlachtfelder sowie die deutsche Ostfront, wo er u. a. Gast seines ehemaligen Generalstabschefs von Hindenburg war. Im Herbst 1915 begab sich Großherzog Friedrich II. ins Oberelsaß, wo er den badischen Landwehr- und Landsturmtruppen unter General Gaede mehrfach seinen Besuch als Militärinspekteur und Landesherr abstattete. 1916 reiste er zu den Einheiten des 14. Armeekorps nach der Champagne; eine vierwöchige Inspektion läßt ihn im Sommer dieses Jahres nochmals nach der Ostfront reisen. Im September befindet er sich beim Marinekorps an der flandrischen Küste, dortselbst kann er 1200 badische Offiziere, Unteroffiziere und Mannschaften begrüßen. Im Mai des darauffolgenden Jahres visitiert er badische Truppen in den Vogesen; im März 1918 reist er von Brüssel aus zu seinem ehemaligen (Freiburger) Infanterieregiment 114 und im Mai geht er in Cuxhaven an Bord der Linienschiffe „Baden" und „Karlsruhe". Seine persönliche Art und unkonventionelle Herzlichkeit wurden allgemein gerühmt („Je einfacher, desto besser"). Die Fliegerangriffe, die zunehmend seinem Land galten und zusetzten, bedauerte er lebhaft, vergebens versuchte er Freiburg von den vielfältigen Etappeneinrichtungen zu befreien: die Oberste Heeresleitung hatte dies aus operativen Gründen nicht widerrufen können. Demgemäß setzte er sich wiederholt für eine Verstärkung der Luftabwehr und des zivilen Luftschutzes ein. Der Fliegerangriff auf die Landeshauptstadt im Juni 1916 bereitete dem alternden Großherzog mancherlei Sorge. Noch während des Krieges traf er zahlreiche Vorbereitungen zwecks Neufassung überholter Militärkonventionen, sobald die Lage es zulassen würde. Doch der Gang der Ereignisse gestattete ihm hierin keinerlei Realisationen mehr.

Am 10. November 1918 gibt Friedrich II. bekannt, daß er von der Bildung einer provisorischen Regierung Kenntnis genommen und die Mitglieder der früheren Regierung in den Ruhestand versetzt habe. Gegenüber dem Vorsitzenden der provisorischen Regierung verzichtet Friedrich II. am 14. November 1918 „vorläufig" auf die Ausübung der Regierungsgewalt. Einen endgültigen Thronverzicht und seine Abdankung spricht der Großherzog am 22. November aus. Er lebt als Privatmann noch knappe zehn Jahre und stirbt als 71jähriger in Badenweiler. – Gewissermaßen dynastisch wäre hier noch ein erster Nachtrag anzubringen: Prinz Max von Baden, ein Neffe des Großherzogs Friedrich I., Präsident der Ersten badischen Kammer, wurde am 3. Oktober 1918 zum (letzten) Reichskanzler des deutschen Kaiserreiches berufen. „Mit dem von ihm gebildeten Kabinett beginnt in Deutschland das parlamentarische Regierungssystem. Der Ausbruch der Revolution in Berlin am 9. November 1918 beendet seine Amtszeit ..."[93]. Auch für ihn hat Großherzog Friedrich II. dann am 22. November die Abdankung ausgesprochen. – Bevor wir uns mit der Republik bzw. dem Freistaat Baden beschäftigen, noch eine kurze weitere dynastische Abschlußbemerkung. Die Gattin Friedrichs I., Großherzogin Luise, war 1923 in Baden-Baden verstorben. Zusammen mit ihrer Schwiegertochter, der Großherzogin Hilda, hatte sie während der Weltkriegsjahre aktiv in Lazaretten und für Wohltätigkeitszwecke gewirkt. Großherzogin Hilda aber überlebte ihren Gatten zwei volle Dutzend Jahre. Sie bewohnte das ihr zugeteilte Großherzogliche Palais in Freiburg, das in der Nacht des 27. Novembers mit einem Großteil der Innenstadt durch Fliegerangriff eingeäschert wurde. Nach entbehrungsreichen Tagen und Wochen (sie hatte kurz zuvor ihren 80. Geburtstag gefeiert) nahm sie ihren Wohnsitz erst auf Schloß Salem und später in Badenweiler, wo sie bis zu ihrem Tod (1952) als eine beliebte und angesehene Bürgerin und Spaziergängerin galt. Alle ihre Verluste, die offiziellen und persönlichen, hat sie in Vorbildlichkeit ertragen. Kinder waren ihrer Ehe nicht beschieden gewesen.

Wie hatte es in der „Landeskunde des Großherzogtums Baden"[94] u. a. geheißen? „Das Großherzogtum Baden, mit 15081 qkm Flächenraum der viertgrößte Staat des Deutschen Reiches, hat seinen Namen von der Stadt Baden... Den westlichen Teil Badens bildet die rechtsrheinische Tiefebene von Basel bis zur hessischen Grenze; im Nordosten schließen sich der Odenwald, das Bauland und das fränkische Hügelland an; südlich des Odenwaldes folgt das Neckarhügelland und dann der Schwarzwald, an dessen südlichen Teil sich ostwärts der Jura, das Bodensee- und das Donaugebiet anlehnen." Und im „Wirtschaftsgeographischen Überblick" dieses Bändchens: „Durchaus unfruchtbares Land sind nur die rein kiesigen Flußanschwemmungen, einzelne Reutberge, die Felsen und Moore ... Fast zwei Drittel des Landes ... dienen der landwirtschaftlichen Kultur, ein starkes Drittel ist Holzland, die land- und forstwirtschaftlich unproduktive Fläche an Haus- und Hofraiten, Straßen, Wegen, Gewässern, Sumpf, Felsen oder sonstigem Unland beträgt nur 4,6% ... Das eigentliche Ackerfeld nimmt 5499 qkm (= 63,3% der gesamten landwirtschaftlichen Fläche) ein, das Rebland 194 qkm (= 2,24%), die Haus-, Gras- und Obstgärten samt den Obstbaumschulen (17,5 qkm) 172 qkm (1,75%), dazu die nicht unter Forstpolizei stehenden Kastanienpflanzungen 5,5 qkm (0,06%) ... Einen seltenen Reichtum hat Baden an Mineralquellen...". Dem „Geographisch-statistischen Leitfaden für den Schulgebrauch und zum Selbstunterricht – Das Großherzogtum Baden"[95] entnehmen wir zusätzlich: „§ 2. Name und Hoheitszeichen. – Seinen Namen hat das Land von dem ‚Alten Schlosse' zu Baden-Baden" ... Das Staatswappen ... zeigt einen roten Schrägbalken im goldenen Felde mit zwei silbernen Greifen als Schildhaltern und einer Fürstenkrone. Die Landesfarben sind Gelb und Rot ... § 30. Politische Einteilung und Verfassung. – 3. Die Grundlage des Staatslebens bildet die von Großherzog Karl im Jahre 1818 gegebene Verfassung. Hiernach ist der Großherzog das Oberhaupt des Landes. Er übt die Regierung aus in Gemeinschaft mit dem Staatsministerium und den Landständen (konstitutionelle Monarchie) ... § 31. Rechtspflege und Militärwesen. – Für die Rechtspflege bestehen in Baden 60 Amtsgerichte, 8 Landgerichte in den Kreishauptstädten Konstanz, Waldshut, Freiburg, Offenburg, Karlsruhe, Mannheim, Heidelberg und Mosbach, und 1 Oberlandesgericht in Karlsruhe ... Garnisonsstädte sind: Konstanz, Müllheim, Freiburg, Breisach, Lahr, Offenburg, Kehl, Rastatt, Ettlingen (Unteroffiziersschule), Karlsruhe, Durlach, Bruchsal, Schwetzingen, Heidelberg und Mannheim. Die Gesamtzahl der in ganz Baden liegenden Militärpersonen beziffert sich auf rund 22000; die Zahl der jährlich eintretenden wehrpflichtigen Badener schwankt zwischen 7800 und 9700 ...". Und in den „Statistischen Nachträgen" u. a.: „Im Jahre 1913 gab es 3034 km Staats-, 1379 km Kreisstraßen und 6377 km Gemeindewege. Jm gleichen Jahr betrug die Länge der vollspurigen Bahnen 2222 km, davon 1798 in Staatsbetrieb... außerdem gab es 225 km voll- und 310 km schmalspurige Privatbahnen. Die in Staatsverwaltung stehenden Bahnen verfügten über 852 Lokomotiven, 2317 Personen- und 23395 Lastwagen. Befördert wurden 59 3/4 Millionen Personen... Die Zahl der Stationen war 472, die der Beamten und anderen Angestellten rund 28500. Der Post- und Telegraphenbetrieb beschäftigt über 11000 Personen und erledigt im Jahre 500 Millionen Briefsendungen aller Art, über 18 Millionen Pakete und über 160 Millionen Zeitungen. – Bevölkerung. – Die Volkszählung von 1910 ergab für ganz Baden 2142833 Einwohner, also 142 auf 1 Quadratkilometer; die Vermehrung betrug in den letzten 50 Jahren im Mittel 15700 Seelen. 1271015 (59,3%) waren Katholiken, 826364 (38,6%) Evangelische, 13229 andere Christen (0,6%) und 25896 (1,2%) Jsraeliten. 29 Gemeinden... haben mehr als 5000 Einwohner."

Ein Abgesang? Auf das badische Großherzogtum, ja, auf den badischen Freistaat als Fortführer des Landes Baden, nein. Zudem muß zugegeben werden, daß das badische Fürstenhaus, das großherzogliche Haus, Ihre Königliche Hoheit, mit Anstand auf eine Weiterführung der Regierung verzichtet hatte. Es waren ja nicht die ersten revolutionären Versuche, die Dynastie zu stürzen. Und man konnte Revolutionäre auch ganz anders sehen; rückblendend eine Kostprobe über die 48/49er-Revolution aus der „Festschrift für die Jugend zur goldenen Hochzeitsfeier – Großherzog Friedrich Großherzogin Luise von Baden"[96]: „...im Jahre 1835 trat Baden dem deutschen Zollverein bei, der Handel und Gewerbe hob und die deutsche

Einigkeit anbahnen half, und im Jahre 1840 wurde die erste badische Eisenbahn, die Strecke zwischen Mannheim und Heidelberg, eröffnet. – Trotzdem herrschte im Lande Unzufriedenheit. Mißernten erzeugten Mißmut; in manchen deutschen Staaten waren die Freiheiten des Volkes noch immer unverständig beschränkt; Angelegenheiten, die das ganze deutsche Volk betrafen, wurden gerade in Baden von maßlosen Vorwärtsstürmern unter das Volk gebracht und so eine stetig wachsende Aufregung hervorgerufen. Da verjagten im Februar 1848 die windigen Franzosen [!] ihren König und gaben sich eine Republik. Baden war damals noch Grenzland Frankreichs, und so wirkte die französische Volkserhebung um so unheilvoller auf das badische Volk. Gewissenlose Männer verhetzten dasselbe, bis sie es zur sinnlosen, frevelhaften Revolution reizten. Die Aufstandsversuche im Jahre 1848 wurden leicht bewältigt. Aber die Umsturzmänner setzten ihre Wühlerei fort und verführten auch das Militär zur Untreue, so daß im Jahre 1849 die Truppen in Rastatt und Karlsruhe meuterten. Der Großherzog mußte aus seiner Residenz fliehen und in Preußen Hilfe suchen ... Die Festung Rastatt mußte sich auf Gnade und Ungnade ergeben, und ein strenges Strafgericht erging über die Schuldigen. Die schlimmsten Volksverführer hatten sich freilich zeitig in Sicherheit gebracht, während die von ihnen Betörten büßen mußten ...". Aufschlußreich macht sich zu guter Letzt auch die Notiz eines Lehrers, dessen Exemplar eines „Belehrenden Lese- und Unterrichtsbuches für badische Volksschulen ..."[97] hier vorliegt; im Abschnitt „Geschichte der Deutschen" wird von der blutigen französischen Februarrevolution anno 48 berichtet, indes kein Wort von den Unruhen im eigenen Land erwähnt. Handgeschrieben findet sich der letzte gedruckte Passus: „... eine Versammlung, welche die Verfassung des künftigen deutschen Reiches beräth und dieselbe in's Leben zu setzen sucht" gestrichen und statt dessen entsprechend ergänzt: „... welche eine neue Verfassung Deutschland geben und das deutsche Reich wieder herstellen wollten. Nach der Auflösung derselben wurde, nachdem sich Österreich und Preußen wieder verständigt hatten, der deutsche Bund wiederhergestellt."

Die Republik Baden 1918–1933

Hält man sich zwei badische Landeskunden, einmal aus der großherzoglichen Ära, zum andern aus der Weimarer Zeit, gegenüber, stellt man freilich einigermaßen beruhigt fest: Baden ist Baden geblieben. Ein Großteil der Ausführungen über Landschaften und Sehenswürdigkeiten, Menschen und Siedlungsweisen und was mehr – c'est la même. Aber schon im Titel verrät sich das Veränderte: einmal „Landeskunde des Großherzogtums Baden"[98], zum andern „Vorstufe für Baden"[99] mit Kapitel „IX. Der Badische Staat. – Die in Mundart und Lebensweise verschiedenen Bewohner unseres Heimatlandes werden als Badisches Volk, als Badener zusammengefaßt. Sie unterstehen außer den Gesetzen, die im Deutschen Reich gültig sind, noch denjenigen, die von der badischen Regierung erlassen werden. Beschlossen werden die Gesetze von den Volksvertretern, den Abgeordneten. Die badischen Abgeordneten werden von allen über 20 Jahre alten Badenern gewählt. Sie bilden den Landtag. – Der Landtag wählt die Minister ... Der Landtag wählt aus der Mitte der vier Minister den Staatspräsidenten. Somit bestellt sich das Volk selbst seine Regierung: Baden ist ein Volksstaat des Deutschen Reiches, unseres großen Vaterlandes, oder eine Republik. Die Regierungsform wurde am 21. März 1919 durch die Verfassung festgelegt. Die badische Volksregierung hat ihren Sitz in Karlsruhe." Oder, noch offizieller ausgedrückt, was die neue badische Verfassung betrifft: „§ 1. Baden ist eine demokratische Republik und bildet als selbständiger Bundesstaat einen Bestandteil des Deutschen Reichs. – § 2. Träger der Staatsgewalt ist das badische Volk ...". So gesehen, ist es geradezu unvorstellbar, wie ein gutes Dutzend Jahre später (vgl. u.) eine solche nach außen und innen hin fest verankerte Verfassung vom Sog des nationalsozialistischen Regimes binnen kürzester Zeit hinweggespült werden konnte.

Herzfeld kommentiert den „Übergang der Revolution des November 1918 in seinem Bereich verhältnismäßig schonend und gemäßigt, ohne nachwirkende Bitterkeit..."[100], und er fährt fort: „Seine [Badens] jüngste Geschichte seit 1918 schien reibungslos an die frühe Tradition der sozialen Demokratie in der ersten deutschen Revolution von 1848/49 anknüpfen zu können. In der Weimarer Republik ist das badische Südwestdeutschland mit dem ihm entstammenden ersten Präsidenten Friedrich Ebert, mit Erzberger und Wirth [hier wäre noch der nachmalige Reichskanzler Fehrenbach zu nennen] eine der Landschaften des Reiches gewesen, in der der demokratische Staat der Farben Schwarz-Rot-Gold am kräftigsten Wurzel geschlagen hatte und über die stärkste politisch, sozial und konfessionell untermauerte Gefolgschaft verfügte ... [Das] band Baden so stärker denn je an die Gesamtentwicklung Deutschlands. Es hat trotzdem in einem zähen Kampf um die Wahrung seiner besonderen südwestdeutschen Eigenart gerungen, als, vor allem seit dem Beginn der Weltwirtschaftskrise von 1929, sich durch den Aufstieg des Nationalsozialismus neue unheilvolle Verstrickungen vorzubereiten begannen... Demokratisch-sozialistische Kräfte und die inzwischen ebenfalls längst eindeutig demokratisch gewordene katholische Zentrumsüberlieferung haben in Baden, solange es ihnen nur möglich war, versucht, der Katastrophenwendung des deutschen Schicksals Widerstand zu leisten, und gezeigt, daß die das ganze 19. Jahrhundert durchziehende, mit dem bürgerlichen Liberalismus beginnende und von ihnen weiterentwickelte Tradition eines freiheitlichen Staatslebens in Baden tiefere Wurzel geschlagen hatte, als eine herabsetzende Einschätzung des Landes … anzuerkennen bereit sein würde."

Haben wir den Dingen vorausgegriffen? Nun, ihren Lauf müssen wir ihnen schon lassen. Und Varianten gibt's schier unendlich viele! Dazu nochmals aus einer „Heimatkunde von Baden"[101]: „Den Namen Baden hat unsere Heimat nach dem Kernland, aus dem sie entstanden ist, von der früheren Markgrafschaft Baden, erhalten. Durch Vererbung kamen im Laufe der Zeit weitere Landesteile hinzu, Friedensschlüsse und Verträge brachten Landgewinn und ließen das Land zu seiner heutigen Größe heranwachsen." Einfacher ging's wohl kaum, und man muß schon anerkennen, daß das Geschichtsbewußtsein in den ensprechenden Büchern der großherzoglichen Epoche doch weit intensiver war, wenngleich man mancherlei zeitbedingten Pomp und da und dort auch dynastisches Pathos mit in Kauf zu nehmen hatte.

Der Erste Weltkrieg hat mit seinem für Deutschland unglücklichen Ausgang dem Großherzogtum nicht nur die Republik gebracht, er hat auch in Baden viele Menschenleben gefordert. Im Jahr 1914: 8701, 1915: 14259, 1916: 11903, 1917: 11468 und 1918: 15653. Wiederholt hatten insbesondere die rheinwärts gelegenen Gegenden auch unter den feindlichen Fliegerangriffen zu leiden, jedoch waren die Todesopfer von Zivilpersonen, an den Zahlen des Zweiten Weltkriegs gemessen, relativ niedrig (Bezirk Karlsruhe 136, Bezirk Freiburg 27 Tote). Baden hatte außerordentliche Menschenverluste seit eh und je zu beklagen, nicht nur Dezimierungen durch Kriege und Seuchen – ein nicht zu unterschätzender Faktor stellen auch die meist geschlossenen Auswanderungen dar. Das setzte im 18. Jahrhundert nach dem Siebenbürgischen ein (vorwiegend aus südbadischen Gebieten) und endete erst nach der Mitte des 19. Jahrhunderts nach Nord- und Südamerika (so zum Beispiel an die 400 Personen aus Kaiserstuhlortschaften 1843 nach Tovar in Venezuela). Gründe für die Auswanderungen: erzwungener Konfessionswechsel, Notjahre (vor allem 1816/17 und 1846/47) politisches Geschehen (48/49er-Revolution). Nebenius, ja einer der Ahnherren und Schöpfer der badischen Verfassung (vgl. o.), empfahl die Auswanderung zudem in nationalem Interesse; eigentliche Kolonialgründe kamen erst um die Jahrhundertwende hinzu.

Das Land Baden, das sich, wie wir sahen, in seinem Bestand über die Revolution anno 18 hat retten und bewahren können, hatte indes auch empfindlich an den Nachwirkungen des verlorenen Ersten Weltkriegs und ganz besonders unter den Bestimmungen des Versailler Friedens zu tragen und zu leiden. Im Februar 1923 rückten so französische Truppen in Offenburg und Appenweier ein. Der Grund: die Reichsbahnverwaltung hatte die Durchleitung der internationalen Züge Paris – Bukarest und Paris – Prag eingestellt. Diese Besetzung wurde erst im August des darauffolgenden Jahres aufgehoben, was badischerseits zu erheblichen Erschwerungen und Verkehrsumleitungen führte. Der französisch besetzte Brückenkopf Kehl wurde gar erst 1930 geräumt. Als Vergeltungsmaßnahme für die deutsche Sperrung des Rhein-Herne-Kanals besetzte französisches Militär vom März 1923 bis Oktober 1924 zudem die Rheinhäfen von Mannheim und Karlsruhe.

Nicht der Anklage willen, sondern lediglich um aufzuzeigen, mit welchen Schwierigkeiten der badische Staat der 20er Jahre zu kämpfen hatte, sei derlei hier verzeichnet. So ist auch nicht verwunderlich, wenn die Auswandererquote 1923/24 die Siebentausendzahl überschritt! Daß Baden gemäß § 42–44 des Versailler Friedens zum Großteil ins Gebiet der entmilitarisierten Zone fiel, bleibe hier nur am Rande vermerkt. Das Durchbrechen dieser Bestimmung in ihr Gegenteil während der Hitlerzeit hat schließlich im Endeffekt noch weit weniger Gutes gebracht.

Von Allgemeinerscheinungen wie Hungerjahren, Inflation und zunehmenden Wirtschaftskrisen soll hier ebenso wenig gehandelt werden wie von andern allgemeindeutschen Schwierigkeiten und Nachkriegsauswirkungen. Wir halten uns vielmehr ans typisch Badische. Wie schloß die Erklärung des Großherzogs im Hinblick auf seinen Regierungsverzicht? „Mein und meiner Vorfahren Leitstern war die Wohlfahrt des badischen Landes. Sie ist es, auch bei diesem letzten schweren Schritt. Meine und der Meinen Liebe zu meinem Volke höret nimmer auf. Gott schütze mein liebes Badener Land!"

Schon die Tatsache, daß der badische Stiefel nunmehr wieder zu den rund 150 km Schweizer-Grenze gute 200 km französische Grenze dazu erhielt und somit ca. 350 Grenzkilometer in der Südwestecke des geschwächten Nach-Versailles-Deutschland zu bilden und zu ertragen hatte, stimmt bedenklich: Sohle und Schaft massiv abgeschlossen und nur die Schnürungspartien gegenüber den andern ebenfalls neugeschaffenen Republiken offen. Baden erneut als Grenzland – es wäre zwar verfehlt und vermessen, vom heutigen Gesichtspunkt aus an die mittelalterliche Bedeutung der Mark und der Markgrafschaft anknüpfen zu wollen, andrerseits – das darf nicht verschwiegen werden – konnten eine solche Isoliertheit und ein solches Zunächst-stärker-auf-sich-Angewiesensein dem Staatsgefühl der jungen Republik bei aller grundsätzlichen Bereitschaft, geistig über die Grenzen hinauszusehen, fürs erste in vielem auch förderlich sein.

Die erste badische Regierung war am 3. April 1919 aus Zentrum, Sozialdemokratie und Demokratischer Partei gebildet worden. Es folgten Jahre innerer Unruhen, auch Jahre zunehmender Konsolidierung. Ein Zusammenschluß der Länder Baden und Württemberg war bereits von den verfassungsgebenden Landesversammlungen in Karlsruhe und Stuttgart ins Auge gefaßt, „... doch blieben Württemberg und Baden lebenskräftig, politische und wirtschaftliche Ordnungzellen und stärkste Stützen des Reichs. Hier wechselten 1919 bis 1933 die Kabinette nur viermal, im Reich dagegen 18 mal. In Baden ... wurde dem vom Kern her destruktiven Nationalsozialismus bis zuletzt Widerstand geleistet ...“[102].

Zu Ende Februar 1919 hatten Mannheimer Radikale nochmals den Versuch unternommen, eine badische Räterepublik auszurufen: „... die Gefängnisse wurden geöffnet, es gab Tote und Schwerverletzte. Die Lage war so bedrohlich, daß die Regierung badisches Militär und Nosketruppen um die Stadt konzentrierte...“[103]. Doch „Bemerkenswert ist die Stabilität der politischen Verhältnisse im Land [Baden]. Bis gegen das Ende der Weimarer Republik hin findet hier der politische Radikalismus wenig Boden. Das Attentat auf Reichsminister Erzberger in Bad Griesbach 1921 [dem Ort der ehemaligen badischen Verfassung anno 1818] bleibt eine Einzelerscheinung... Beherrschende Persönlichkeiten der badischen Politik sind der Zentrumsführer Joseph Schofer (gest. 1930) [„Der ungekrönte Großherzog von Baden“[104]]; der 1919/31 ununterbrochen als Innen- oder Kultusminister amtierende Sozialdemokrat Adam Remmele und der Demokrat Willy Hellpach. Groß ist auch der Anteil badischer Politiker [u. a. die Reichskanzler Konstantin Fehrenbach und Joseph Wirth] an der Reichsregierung ...“[105].

Es ist an der Zeit, noch weitere positive Tatsachen aus der Epoche der badischen Republik kurz zu erwähnen. Die Gründung des Badenwerkes (Staatsaktien) 1921 gewährleistet einen großzügigen Ausbau der Energieversorgung; 1928 wird das Schluchseewerk als das seinerzeit größte Elektrizitätsspeicherwerk Deutschlands errichtet. Selbst Bahnbau ist wieder möglich geworden: Dreiseenbahn im Südschwarzwald und Verlängerung der Renchtalbahn bis Bad Griesbach. – Am 2. Juli 1900 war der erste „Zeppelin“ über dem Bodensee hochgestiegen. Weitere Luftschiffe des genialen Erfinders Ferdinand Graf von Zeppelin (* 1838 in Konstanz, † 1917) begleiteten die Jahre vor, im und nach dem Ersten Weltkrieg bis zu den Ozeanüberquerungen und dem Überholtsein infolge anderweitiger Flugentwicklungen, um die sich freilich in theoretischer Weise ein Carl Friedrich Meerwein (1737–1811) schon mehr als ein Jahrhundert zuvor intensiv gekümmert hatte.

Hier soll auch kurz der badischen Turnkultur gedacht werden, wir hatten im Zusammenhang mit der 48/49er-Revolution (vgl. o.) schon von ihrer Existenz und ihren freiheitlichen Gesinnungen gehört. „Es ist bezeichnend“, heißt es im „Fest- und Arbeitsbuch zum Badischen Landesturnen“[106], „daß die Männer, mit denen die Einführung des Turnwesens... verbunden ist, in irgendeiner Weise in späterer Zeit, sei es in Wissenschaft oder Politik, eine Rolle gespielt haben. Man denke nur an Namen wie den des Anatomen Hecker, den Bruder des Aufrührers Friedrich Hecker, an den Politiker Karl von Rotteck... so beweist das, daß man schon damals unter Turnen mehr als nur körperliche Übung, sondern auch etwas Geistiges verstand ... Inzwischen hatte sich aber der Aufgabenkreis der [badischen] Turnvereine wesentlich erweitert durch Aufnahme des Frauen- und Mädchenturnens ... Jetzt [nach dem Ersten Weltkrieg] wurden auch Formen der Leibesübungen ... aufgenommen, die bislang dem Sport vorbehalten zu sein schienen, wie Schwimmen, Fechten, Schneeschuhlaufen ... Der politische Umschwung des Jahres 1933 war für die Turnsache verhängnisvoll... Unter fast unüberwindlichen Schwierigkeiten begann [nach dem Zweiten Weltkrieg] der Wiederaufbau...“.

So darf nicht nur, sondern muß vielmehr eben hier intensiv genug darauf hingewiesen werden, wie sehr dieses Land Baden – mitsamt seinen besonders bevorzugten und begünstigten Gegenden vom Bodensee über den Schwarzwald bis hin zu Oberrhein und Odenwald – etwa gleicherweise den Wasserfreunden wie den Ski- und Eisläufern als auch den Sport- und Vereinswanderern schon zwischen den Kriegen Oase geworden war, ja wie bereits in den Jahren vor 1914 die Vielseitigkeit der Landschaft und nicht zuletzt der Reichtum der Heilbäder und Mineralquellen daraus ein führendes und frequentiertes Fremdenverkehrsland mit anerkannt gut funkionierender Hotellerie erstehen ließen, so daß selbst nach der Katastrophe von 1945 eine gewisse Kontinuation und ein rascher Wiederaufbau in dieser Hinsicht gewährleistet waren.

1932 war, bearbeitet vom Badischen Statistischen Landesamt, das zweibändige Werk „Die badische Landwirtschaft im Allgemeinen und in einzelnen Gauen“[107] herausgegeben worden. Im ersten Abschnitt des ersten Bandes heißt es dort u. a.: „Die große Mannigfaltigkeit, die gerade den einheitlichen Charakterzug unseres Landes bildet, offenbart sich auf das deutlichste in den natürlichen Verhältnisen des Landes ... Auf der einen Seite steigt der Schwarzwald ... auf fast 1 500 m an, in schroffem Gegensatz hierzu liegt die Rheinebene mit ihrem tiefsten Punkt bei Mannheim nur 84,5 m hoch. Die mittleren Sprossen dieser Stufenleiter nehmen das südliche und das nördliche Hügelland sowie der Odenwald ein ... Nicht minder groß als die Höhenunterschiede ist die klimatische Spannweite in Baden. Die Rheinebene ... die vielfach der Garten Deutschlands genannt wird, zählt mit einer durchschnittlichen Jahrestemperatur von 10° C. zu den wärmsten, die Donaugegend am Ostabhang des Schwarzwaldes, wo die Temperatur im Winter nicht selten auf –30° C. sinkt, zu den kältesten Gebieten des ganzen Reiches. Wenn auf den höchsten Gipfeln des Schwarzwaldes noch Schnee liegt, blühen an der Bergstraße die Pfirsich- und Mandelbäume und in der Südwestecke des Kaiserstuhls... die Kirschbäume. Auch das Gebiet um den Bodensee erfreut sich einer ähnlich bevorzugten Lage... In enger Wechselwirkung mit Höhenlage und Klima steht die Niederschlagsbildung. Gegenüber einer durchschnittlichen Niederschlagsmenge von 890 mm für das ganze Land, hat die Umgebung von Mannheim (500 mm) am wenigsten Regen, die südwestlichen Hänge der Gipfel des Schwarzwaldes (mit 1 800 mm, teilweise sogar 2 500 mm) am meisten. Kleiner als 700 mm ist die Regenmenge in der unteren Rheinebene, einem Teil des Kraichgaus und im Bauland. – Ebenso unterschiedlich wie Höhenlage und Klima sind die geologischen bzw. die Bodenverhältnisse in Baden. Granit und Gneis im Schwarzwald, Buntsandstein an seiner östlichen Abdachung und dann vorwiegend im nördlichen Schwarzwald und im Odenwald, Muschelkalk im nördlichen und südlichen Hügelland, Jura am Jsteiner Klotz, wechseln in bunter Folge; Molasse, die teils aus Meeres-, teils aus Süßwasser abgesetzt ist, und Moräneschotter herrschen im Seegebiet vor, wie in der Rheinebene die meist mit Sand überdeckten Geröllmassen. Auch vulkanische Bildungen fehlen nicht ... So mannigfaltig wie die Landschaft, ist das Volkstum. Die Badner gehören im südlichen Landesteil vorwiegend dem schwäbisch-alemannischen, im nördlichen zumeist dem fränkischen Volksstamm an ... [vgl. o.] Als ... besonders ausgeprägte Volkstypen seien aus der großen Reihe der des Schwarzwälders und Markgräflers im südlichen, der des Pfälzers und Odenwälders im nördlichen Landesteil hervorgehoben. Über alle Stammeseigentümlichkeiten hinweg eignet dem badischen Volk ein ... tätiges Wesen, das mit zäher Energie und Sparsamkeit gepaart, im Kampf gegen die große Not der Nachkriegsjahre ... Jn der nebenberuflichen Betätigung weiter Volkskreise in der Landwirtschaft liegt eine besondere Eigentümlichkeit des wirtschaftlichen und sozialen Lebens unseres Landes begründet: Die enge Verbundenheit zwischen gewerblichem und landwirtschaftlichem Leben, zwischen den einzelnen Berufsständen, kurz zwischen Stadt und Land, die sich aus der Verteilung der Jndustrie über das ganze Land hinweg ergibt ...". Ein zweiter Abschnitt behandelt in der Folge „Baden das Land des Kleinbesitzes und Kleinbetriebes", ein dritter „Baden das Land der vielseitigen landwirtschaftlichen Erzeugung".

Es macht sich hübsch, in diesem Zusammenhang einmal in den älteren Angaben über das Pflanzen- und Tierreich unseres Landes (etwa um die Mitte des vorigen Jahrhunderts) zu stöbern. Da finden wir an Nadelholz Weiß- und Rottanne, Fichte, bzw. Kiefer und Lerche; an Laubholz Buche und Hagebuche, Eiche, Birke, Esche, Pappel, Erle, Linde, Berg- und Spitzahorn, Ulme und Vogelbeere sowie wilde Apfel-, Birn- und Kirschbäume; an Stauden und Sträuchern vor allem Schwarz- und Weißdorn, Stechpalme, Holunder und Wacholder, Heidelbeer-, Himbeer- und Brombeergesträuch; unter Gräsern und Kräutern werden auch reichlich Giftpflanzen mitaufgeführt, etwa Bilsenkraut und Tollkirsche, Schirling und Fingerhut. Das Tierreich verfügte vor rund 150 Jahren vorab über eine stattliche Reihe jagdbarer Tiere, so vor allem Wildschwein, Hirsch und Reh, Hase und Igel, Fuchs und Marder, Fischotter und Iltis, Dachs und Wiesel, der Wolf ist bereits zur Seltenheit geworden, und von Bären und Auerochsen ist schon nicht mehr die Rede.

Das Verhältnis der jungen Republik Baden zu den beiden großen Landesreligionen muß hier, bevor wir die übrigen kulturellen Belange angehen, noch kurz skizziert werden. „Am 21. Oktober 1927 werden hundert Jahre vollendet sein, seitdem der erste Erzbischof von Freiburg den neuerrichteten Erzstuhl bestieg und das Oberhirtenamt über die aus Teilen von sechs Diözesen zusammengeschlossenen Katholiken Badens und Hohenzollerns übernahm..."[108]. Im selben Jahr wird das Kirchenvermögensgesetz, das den Religionsgemeinschaften freie Vermögensverwaltung gewährt, verabschiedet. Am Einspruch der Demokratischen Partei scheitert dann allerdings zunächst ein angestrebtes Konkordat zwischen Baden und der Kurie, doch 1929 erklärt die neue Regierung (Koalition Zentrum – Sozialdemokraten) ihre Bereitschaft zu neuen Verhandlungen (1933 eben noch unter dramatischen Umständen unter Dach gebracht)[109]. Mit der Evangelischen Landeskirche war inzwischen ebenfalls ein Staatsvertrag ausgehandelt worden: „1928 wurde ein neuer Katechismus, 1930 eine neue Agende eingeführt. 1932 schlossen Staat und Landeskirche einen Vertrag, der auch heute noch nach Entstehen des Landes Baden-Württemberg ... gültig ist."[110] Es war ein weiter Weg vom „Heidelberger Katechismus" (1563) bzw. vom „Jahr 1556, Reformationsjahr in den Ländern, welche jetzt das Großherzogthum

Baden bilden"[111] und vom „Emmendinger Religionsgespräch" (1590): „Jakob III. ... veranstaltete 1590 ein Religionsgespräch in Emmendingen ... Die Verhandlungen begannen am 3. Juni. Außer dem Markgrafen nahmen die fürstlichen Räte und Beamten, sowie 20 Pfarrer der Markgrafschaft Hochberg daran teil ... Jakob III. erklärte in der letzten Sitzung am Pfingstsonntag ... daß die lutherische Kirche nicht die wahre sei, und wurde katholisch. Er war der erste regierende Fürst, der den evangelischen Glauben abschwur. Mit dem Eifer eines Neubekehrten suchte er nun auch seinen Untertanen seine Überzeugung aufzudrängen ..."[112]. (Ergänzend zu dieser zeittypischen Situation: der Markgraf starb bereits am 7. August 1590 – die Markgrafschaft Hachberg blieb evangelisch.)

Es dürfte von Vorteil sein, noch einige kulturelle Aspekte zu erörtern, bevor wir uns dem makabern Intermezzo des nationalsozialistischen Gaues Baden zuwenden müssen. Bereits zu Großherzogs Zeiten (1908) war durch Zusammenschluß älterer meist ortsansässiger Heimatschutzorganisationen der Landesverein „Badische Heimat" begründet worden. Seit 1922 wurde er von dem Dichter und Schriftsteller Hermann Eris Busse geleitet, dem vor allem die topographisch orientierten Landschaftsjahresbände der Folgezeit sowie die Sonderhefte „Badische Köpfe" (1935 ff.) zu verdanken sind. Gewiß hatte es bereits im letzten Drittel des 19. Jahrhunderts auch andere überregionale Vereine und Vereinigungen gegeben (erinnert sei hier nur an den Schwarzwaldverein), doch entfaltete gerade die „Badische Heimat" besonders wirksame und vielseitige kultur- und landesgeschichtliche Initiativen. – Einen Dichterkatalog dieser Zeit aufzustellen, liegt uns fern, wir wollen hier nur ganz wenige Namen mit der jeweilig landschaftlich-geschichtlichen Zugehörigkeit nennen: etwa die Freiburgerin Hermine Villinger (1849–1917) mit ihren Vorkriegs-, Heimat- und Schwarzwalderzählungen, den mittelalemannischen Mundartdichter August Ganther (1862–1938), den Heidelberger Lyriker und Romancier Otto Frommel (vgl o.), die aus Durlach stammende Dichterdynastie Eichrodt (Ludwig Eichrodt, 1827–1892, durch seine von Adolf Kußmaul [vgl. u.] mitangeregte anonyme Herausgabe Sauterscher Gedichte der eigentliche Begründer des „Biedermeier", vgl. o.), den aus Mückenloch in Nordbaden stammenden Erzähler Karl Hesselbacher (1871–1943), den Markgräfler Maler – und auch in oberalemannischer Mundart schreibenden problematischen Hermann Burte(-Strübe, 1879–1960) und nicht zuletzt den aus Hornberg gebürtigen Essayisten und Europäer Wilhelm Hausenstein (1882–1957). Unter jenen Dichtern, die außerhalb der badischen Landesgrenzen geboren, indes lange Jahre im Badischen gelebt und in ihren Werken auch immer wieder von ihrer Wahlheimat inspiriert wurden, sind vor allem der Bodenseedichter Ludwig Finckh (* 1876 Reutlingen, † 1964 Gaienhofen), der gebürtige Berliner Dichter und Schriftsteller Wilhelm von Scholz (* 1874, seit 1892 in Konstanz wohnend, † 1969), der Lyriker und Dramatiker Emanuel von Bodman (* 1874 Friedrichshafen, † 1946), der aus Holstein gebürtige Erzähler und Schwarzwaldschilderer Wilhelm Jensen (* 1837, † 1911) und der aus Waldmichelbach stammende Erzähler Adam Karrillon (* 1853, † 1938) zu erwähnen.

1933–1945

„Nach den Reichstagswahlen am 5. März 1933 wurden auch in Karlsruhe und Stuttgart die verfassungsmäßigen Regierungen verdrängt, die führenden demokratischen Politiker gefangengesetzt, die demokratischen Parteien aufgelöst, die Länder gleichgeschaltet, die Landtage aufgelöst und an die Spitze der Länder die Gauleiter der Partei als Reichsstatthalter gesetzt ..."[113]. Bei den Landtagswahlen von 1929 hatten in Baden die Nationalsozialisten erstmals Mandate errungen. Einen Spiegel des Anwachsens der NSDAP-Anhänger und -Wähler in Baden bieten am ehesten die Ergebnisse der Reichstagswahlen aus den Jahren 1930–1933: 1930 = 19,2%, 1932 (Juli) = 36,9%, 1932 (November) = 34,1% und 1933 (März) = 45,4%. Nicht als Entschuldigungsgründe, aber doch als Realitäten müssen dabei gewisse Übelstände, etwa die große Arbeitslosigkeit, der Beamtenabbau (!) und die vielzitierte Schutzlosigkeit der entmilitarisierten Zone Erwähnung finden.

Die legale badische Regierung war am 10. März vor allem aufgrund der vorhergegangenen Wahlergebnisse zurückgetreten. Zahlreiche Landesgesetze „zur Durchführung der Gleichschaltung von Reich, Ländern, Gemeinden und Gemeindeverbänden im Land Baden" werden in der Folge (erstmals im April 1933) auf dem Verordnungsweg erlassen. Der neue Landtag tritt „nur zu einer einzigen Sitzung zusammen, in der er aufgrund von Art. 48/3 der badischen Verfassung von 1919 sein Gesetzgebungsrecht auf die Landesregierung überträgt (‚Ermächtigungsgesetz'). Das Gesetz ‚über den Neuaufbau des Reichs' vom 30. Januar 1934 hebt dann den Landtag nach 115jährigem Bestehen überhaupt auf. Der aufgrund des Reichsstatthaltergesetzes am 5. Mai 1933 eingesetzte Reichsstatthalter Robert Wagner ernennt den stellvertretenden Gauleiter Köhler zum Ministerpräsidenten ..."[114].

Kirchenfeindlichkeit und Judenverfolgung setzen in Baden zögernd, aber dann desto radikaler ein, das Inoffizielle tarnt sich zunächst noch geschickt hinter deutschtümelnder Toleranz und Pseudovolksbrauchtum.

Die zunächst positiv erscheinenden Züge des neuen Regimes dienen in Wirklichkeit bereits kriegerischen Zielen und Gelüsten der neuen Machthaber. Im Nordbadischen wird mit dem Bau von Reichsautobahnen begonnen (Karlsruhe – Pforzheim und Bruchsal – Heidelberg). Die Bekämpfung der Arbeitslosigkeit und die Einführung der allgemeinen Wehrpflicht (1935) nebst der Besetzung der entmilitarisierten Zone (1936) sowie die vorausgegangene Gründung des Reichsarbeitsdienstes (27 Gaue in Baden-Pfalz) führen der NSDAP gerade auch in Baden neue Mitglieder und Anhänger zu. „Der 1938 forcierte Ausbau des Westwalls bringt den grenznahen Bezirken, in denen Industrieanlagen aus wehrpolitischen Überlegungen nur in beschränktem Maße zugelassen sind ... gleichfalls einen starken wirtschaftlichen Auftrieb ..."[115].
Wider Erwarten herrscht dann nach Ausbruch des Krieges mit Frankreich eine Ruhe vor dem Sturme. Die Bevölkerung aus den grenznahen Orten wird radikal evakuiert. Eine Rückkehr kann fürs erste freilich nach dem Frankreichfeldzug im Frühjahr des darauffolgenden Jahres stattfinden. Der badische Reichsstatthalter (Robert Wagner) wird zum Chef für die Zivilverwaltung des benachbarten Elsasses bestellt. Ein Gesamtreichsgau Oberrhein wird angestrebt, ein Teil der badischen Regierungsstellen nach Straßburg verlegt. Zunehmende Einsparungen und Einberufungen zehren an der Substanz des Landes und seiner Bevölkerung. Alles treibt auch in Baden dem totalen Krieg entgegen. Im Oktober 1940 wird die restliche jüdische Bevölkerung des Landes ins Lager Gurs im noch unbesetzten Südfrankreich abtransportiert. Angehörige der badischen Opposition gegen Hitler und sein Regime werden, soweit sie von den Häschern aufzuspüren sind, verurteilt bzw. hingerichtet (so die Mitglieder der Mannheimer Widerstandsgruppe „Der Vorbote" und Vertrauensleute des Goerdeler-Kreises).
In steigendem Maß leiden besonders die badischen Städte unter den sich steigernden feindlichen Luftangriffen, so vor allem Mannheim und Bruchsal, Karlsruhe und Pforzheim, Gaggenau und Freiburg. Eine abermalige Evakuierung der Zivilbevölkerung steht nach Einbruch der Alliierten von Westen her im Herbst 1944 bevor. Im März 1945 erreichen die 7. amerikanische und die 1. französische Armee den Rhein zwischen Karlsruhe und Mannheim, im darauffolgenden Monat wird der ganze badische Raum von den alliierten Streitkräften besetzt. Die Niederlage, die Katastrophe, das Chaos ist auch in Baden perfekt und unüberbietbar geworden. Lediglich Heidelberg, Baden-Baden und Konstanz sind den Bombardements und Kampfhandlungen einigermaßen unzerstört entgangen.

Nachkriegsjahre – bis zur Gründung des Landes Baden-Württemberg

So gesehen, ist es kaum glaubhaft, daß bereits nach wenigen Jahren in unserm Raum neue staatliche Gebilde mit zügigen Wiederaufbautendenzen geschaffen werden. Das nördliche Baden gelangt, nachdem die ursprüngliche französische Besatzung Karlsruhe geräumt hat, unter die Befehlsgewalt der amerikanischen Armee, das südliche Baden wird dem Oberbefehl der französischen Truppen unterstellt. In Heidelberg etabliert sich das Oberkommando der Amerikaner, Baden-Baden wird zum Sitz der französischen Militärregierung. Sämtliche Städte, auch viele kleinere Orte und Dörfer, erhalten militärische Besatzung. Parallel zu Baden wurde auch Württemberg in einen nördlichen und südlichen Teil gespalten, wobei es nahelag, die Landesteile Nordbaden und Nordwürttemberg zu einem Verwaltungsbezirk unter amerikanischer Kontrolle zusammenzuschließen. Sitz der zentralen Verwaltung wurde hier Stuttgart, in Karlsruhe wurden die Landesbehörden einem Landeskommissär unterstellt. Mit Genehmigung der französischen Militärbehörden wurde ein südbadischer Regierungssitz in Freiburg installiert, nachdem 1946/47 sich Parteien hatten bilden dürfen und Wahlen zu einem Landtag stattgefunden hatten. Das alte Land Baden hatte sich aufgelöst, die Grenze hat sich aus der Horizontalen in eine Vertikale verschoben, sie trennt nunmehr die amerikanische von der französischen Besatzungszone und verläuft südlich von Karlsruhe über den nördlichen Schwarzwald, um südlich von Pforzheim bis nahe Horb und Tübingen abzubiegen und dann im Oberschwäbischen südlich Ulm zu enden.
Es soll hier nicht von den allgemeinen Nöten jener Nachkriegsjahre gesprochen werden, weder von den laufenden Reparationen in Naturalien, noch vom Tauschhandel Stadt – Land, noch von der rapid nachlassenden Kaufkraft des Geldes, noch von der zwangsweisen Demontage zahlreicher einigermaßen unzerstörter Industriebetriebe, noch von den unerläßlichen Spruchkammerverfahren – das alles sind ja Symptome, die der gesamte demolierte Restcorpus des ehemaligen Deutschen Reiches zu erleiden hatte. Vielmehr soll hier lediglich auf einige Schwierigkeiten besonderer Art im badischen Raum noch hingewiesen werden. Die Zonengrenze, gewissermaßen Nachbildung der Mainlinie en miniature für unser Badnerland, brachte weitere wirtschaftliche Stagnationen, es gab Konsequenzen und Grotesken, so etwa den Abbau des zweiten Schienenstranges oberhalb Offenburgs, die völlige Stillegung des Kehler Rheinhafens, den Kahlschlag zahlreicher Süd-

schwarzwaldhänge. Die allmählich auch in unser Land gelangenden Flüchtlinge stießen zunächst in einen kaum arbeitsträchtigen, dafür weitgehend demontierten Raum.
Desto erstaunlicher, wie bereits gesagt werden konnte, die relativ rasche Erholung des Landes. Der Wiederaufbau im Nordteil ging aufgrund größerer amerikanischer Reserven und Zugeständnisse und auch eher noch vorhandener industrieller Reserven oder doch Potenzen freilich insgesamt zügiger voran als im Südteil. Bereits im September 1945 hatte General Eisenhower die Bildung eines Landes Württemberg-Baden deklariert, in Stuttgart wird am 24. September das Kabinett Reinhold Maier vereidigt. An den monatlichen Zusammenkünften der Landräte und Oberbürgermeister Nordbadens und Nordwürttembergs nehmen in gesteigertem Maß Vertreter der Gewerkschaften, der Handels- und Handwerkskammern, der Landwirtschaft sowie der kirchlichen Instanzen teil. Aus einer „vorläufigen Volksvertretung", wie sie erstmals im Dezember 1945 zusammentrat, entwickeln sich unter Beiziehung der Parteien (zuerst nur auf Kreisebene zugelassen) einzelne zunächst separat operierende Landesverbände, im darauffolgenden Jahr kommt es zu weiterer positiver Gesetzgebung und zu allgemeinen Wahlen, 90% der Bevölkerung sprechen sich am 24. November für eine Annahme der Verfassung aus, die Demontagen werden zumindest teilgestoppt, die Währungsreform (vom 20. Juni 1948) bewirkt das ihre, ein Überangebot an Arbeitskräften ist die Folge, der wirtschaftliche Aufstieg (unter dem ehemaligen Reichsfinanzminister und späteren württembergisch-badischen Wirtschafts- und Finanzminister Heinrich Köhler, †1949) ist nun voll im Gang, das Grundgesetz verhilft dem jungen Teilstaat zu weiterer Konsolidierung. 1950 bildet Reinhold Maier sein neues Kabinett aus Mitgliedern der SPD und DVP.
Bevor wir auf die entsprechenden Entwicklungen in Südbaden eingehen, müssen wir noch konstatieren, daß bereits 1945 die „Hohenzollerischen Lande" als ein Teil des künftigen Landes Württemberg-Hohenzollern erklärt wurden. – Das neue Land (Süd-) Baden besteht aufgrund der Vereinbarungen mit der französischen Militärregierung aus den ehemaligen Landeskommissärbezirken Freiburg und Konstanz sowie den Landkreisen Bühl und Rastatt und dem Stadtkreis Baden-Baden. Kartographisch könnte man es so sagen: der badische Stiefel hat sich um einige Nummern verkleinert. 1946 kommt es zur Bildung einer provisorischen Regierung, die obersten deutschen Landesbehörden dürfen sich Ministerien nennen. Am 17. November erfolgt dann die Wahl einer beratenden Landesversammlung, diese Versammlung wählt Karl Person zu ihrem Präsidenten, Leo Wohleb (Vorsitzender der Badisch-Christlich-Sozialen Volkspartei) wird nach dem Rücktritt der provisorischen Regierung zum Chef einer von der Militärregierung bestellten, jedoch parteipolitisch zusammengesetzten Regierung von Staatssekretären ernannt. Am 21. April 1947 kommt es durch Volksentscheid zur Annahme der Verfassung, gleichzeitig abgehaltene Landtagswahlen erweisen die absolute Mehrheit der von Wohleb vertretenen Partei; am 24. Juni 1947 wählt der neue Landtag Leo Wohleb zum Staatspräsidenten. Als Parteivorsitzender wird Wohleb wegen Ämterkumulation durch Anton Dichtel entlastet. Durch weitere umfangreiche Reparationsforderungen, Wohngebäudebeschlagnahme und nach wie vor kritische Ernährungslage entstehen für die neue Regierung mitunter schier unüberwindbare Schwierigkeiten. Die Währungsreform bringt eine größere Übersichtlichkeit in die Forderungen der Besatzungsmacht. Aus Protest gegen nicht erfüllbare weitere Reparationskosten und Demontageforderungen erklärt die Regierung am 26. August 1948 formell ihren Rücktritt, wird indes erst im Februar 1949 durch eine personell nahezu identische neue Regierung abgelöst. „Am 12. Juli 1949 beschließt der Landtag ein in Deutschland als vorbildlich angesehenes Gesetz zum Schutz der Kulturdenkmale, und im Oktober wird in Freiburg der Landesverein ‚Badische Heimat' als gesamtbadische ... Organisation wiederbegründet ... Schon seit dem Jahre 1949 steht das öffentliche Leben des Landes zunehmend unter der Spannung der sich vorbereitenden Entscheidung über sein Schicksal ..."[116].
In der Volksabstimmung vom 9. Dezember 1951 sprechen sich in (Süd-) Baden 62,2% (bei einer Wahlbeteiligung von insgesamt 70,5%) für die Wiederherstellung der alten Länder Baden und Württemberg aus. Im wenig lebensfähigen Württemberg-Hohenzollern hingegen geben 91,4% ihre Stimmen für die Bildung eines Südweststaates ab. 69,7% Wähler sind es in (Nord-) Württemberg-Baden, die für die größere Lösung stimmen. Immerhin wünschen insgesamt 52,2% der Stimmen eine Wiederherstellung des ehemaligen Landes Baden in dessen Gesamtgebietsteilen (wie sie bis 1945 bestanden hatten). Der Artikel 118 des Grundgesetzes der BRD hatte bestimmt, daß eine Neugliederung im Bereich der Länder Baden, Württemberg-Baden und Württemberg-Hohenzollern – abweichend von den allgemeineren Vorschriften des Artikels 29 – durch Vereinbarungen der beteiligten und betroffenen Länder selbst erfolgen könne. Ursprünglich einem späteren losen Zusammenschluß nach der Konsolidierung des alten Landes Baden nicht unbedingt abgeneigt, fürchtete Wohleb sich zunehmend vor einem Übergewicht des größeren Württembergs in einem künftigen Südweststaat, Maier aber vor einer erneuten Teilung des Landes. Eine bereits im September 1950 inszenierte Volksbefra-

gung hatte allerdings aufgezeigt, daß nicht nur in (Süd-) Baden, sondern auch im badischen Teil von Württemberg-Baden eine Mehrheit für die Wiederherstellung Altbadens eintrat (man hatte Karlsruhe erneut zur Landeshauptstadt machen wollen). Nach diesen Resultaten hatte der Südweststaatgedanke zunächst stagniert und resigniert, man konnte sich aufgrund der „Freudenstädter Beschlüsse" (vom April 1950) noch nicht einmal über den Modus bzw. Gesetzentwurf hinsichtlich einer diesbezüglichen Volksabstimmung einigen. Eine Einmischung der alliierten Hochkommissare (François-Poncet als massiver Gegner eines Südweststaates) war abgewiesen worden. Im Dezember 1950 hatte Wohleb bei einem Treffen in Bad Dürrheim den Vorschlägen des württembergisch-hohenzollerischen Regierungschefs Gebhard Müller zwar zunächst zugestimmt, dann aber doch einen eigenen Entwurf abgefaßt, in dem der altbadische Standpunkt intensiver vertreten war. Müller, der bis dahin in einigem vermittelnd zwischen Wohleb und Maier gewirkt hatte, zeigte sich vom südbadischen Abgehen von der „Freudenstädter Vereinbarung" enttäuscht, und sein Tübinger Kabinett nahm im Dezember 1950 seinen Vorschlag an, Bonn einen eigenen diesbezüglichen Gesetzentwurf zu unterbreiten. Damit war den württembergisch-badischen Vorstellungen Vorschub geleistet: ein Südweststaat sollte zustande kommen, wenn sich im gesamten Abstimmungsgebiet sowie in drei von den vier Abstimmbezirken (Nord- und Südbaden, Nordwürttemberg und Südwürttemberg-Hohenzollern) eine einfache Mehrheit für den Zusammenschluß der bis dahin bestehenden drei Länder (Süd-) Baden, (Nord-) Württemberg-Baden und (Süd-) Württemberg-Hohenzollern entscheiden würde. So kam es, daß der Bundestag von seinem Recht auf Neuregelung durch Bundesgesetz Gebrauch machte. Ihm lagen im Januar 1951 gleich zwei diesbezügliche Gesetzentwürfe vor: einmal der FDP-Entwurf, der vorsah, daß ein Südweststaat gebildet werden würde, wenn sich bei einem vom Bund anzuordnenden Volksentscheid eine Mehrheit im Gesamtabstimmungsgebiet ergäbe, und zum andern der CDU-Entwurf (von Hilbert und von Brentano), wonach den Wahlberechtigten die Alternativfrage Wiederherstellung der alten Länder oder Neuschaffung eines Gesamtlandes in der Weise vorgelegt werden sollte, derzufolge die Wiederherstellung an erster Stelle rangierte. Nach detaillierten, auch parteipolitischen Überlegungen und Schachzügen sowie etlichen Bestrebungen, die Länderneuregelungsfrage im Südwesten dahinaus zu stornieren, als man sie einem langfristigen Ausschuß überweisen wollte, entschied man sich im Februar 1951 für den Tübinger Entwurf. Im April verabschiedete der Bundestag ein hierauf beruhendes Neugliederungsgesetz. In einem Ersten Neugliederungsgesetz, demgegenüber Bundespräsident Heuss zwar verfassungsrechtliche Bedenken anmeldete, wurden die Legislaturperioden der Landtage von (Süd-) Baden und Württemberg-Hohenzollern „bis spätestens zum Außerkrafttreten der beiden Länderverfassungen" verlängert, und im Zweiten Neugliederungsgesetz wurde eine Abstimmung über die Bildung eines Südweststaates bzw. über die Wiederherstellung der alten Länder vorgeschrieben. Beide Gesetze traten im Mai 1951 in Kraft. Noch im selben Monat klagte die südbadische Regierung beim Bundesverfassungsgericht, sie konnte sich mit dem in gewisser Weise schon den Südweststaat vorwegnehmenden Einzelheiten (hinsichtlich Stimmbezirken, Auszählungsmodus usw.) nicht zufrieden geben. Da jedoch dieses Gericht noch gar nicht konstituiert war (und zudem ironischerweise Gebhard Müller als dessen Präsident vorgesehen), verkomplizierte sich die Lage erneut. Seitens Wohlebs wurde im August die Bundesregierung ultimativ aufgefordert, die Durchführung des Zweiten Neugliederungsgesetzes auszusetzen. Sozusagen in letzter Minute war das Bundesverfassungsgericht mit seinem Präsidenten Höpker-Aschoff dann doch noch aktionsfähig geworden: im Oktober kam es zur Urteilsverkündigung, wonach dem Zweiten Neugliederungsgesetz im wesentlichen Rechtsgültigkeit zugesprochen wurde, hingegen bezeichnete man das Erste Neugliederungsgesetz als mit dem Grundgesetz der BRD unvereinbar, was bedeutete, daß neue Landtagswahlen vorgenommen werden sollten. Der Interpretation des Bundesverfassungsgerichts zufolge hatten die alten Länder Baden und Württemberg zwar den 8. Mai 1945, den Tag der bedingungslosen Kapitulation des Deutschen Reiches, überdauert, an ihre Stelle waren aber spätestens mit der Annahme der neuen Landesverfassungen durch das Volk die derzeitigen Länder der BRD getreten. Diesen neuen Ländern komme staatsrechtliche Geltung zu, der Abstimmungsmodus müsse daher von diesen Gegebenheiten ausgehen: ein Zusammenschluß solle demnach auch erfolgen, wenn in drei der vier Abstimmländer eine entsprechende Mehrheit zustandekäme. Auf Landtagsneuwahlen hatte man mittels Volksabstimmung zugunsten einer Legislaturverlängerung bis zu dem Tag, an welchem das Land seine Wahlen aufgrund des Zweiten Neugliederungsgesetzes durchführen würde, verzichtet. So wurde der Südweststaat am 9. Dezember 1951 (vgl. o.) theoretisch kreiert, dieser war dann mit der Wahl seines ersten Ministerpräsidenten Reinhold Maier am 25. April 1952 endgültig geboren.

Das Für und Wider und seine verschiedentlichen Nachteile hier aufzuführen, erübrigt sich in unserer Darstellung, ist vielmehr schon Sache einer Geschichtsschreibung des Landes Baden-Württemberg.

Badisches

Die wechselvolle Geschichte unseres Landes hat uns vielfach vor Augen geführt, wie rasch und wie häufig die politischen Machtverhältnisse die äußeren Grenzen, nicht aber die inneren Gegebenheiten eines Staates bzw. Landes verändern oder gar verwischen und löschen können. Es ist ja nicht so, daß sich mit der Neugründung von Baden-Württemberg alles Badische verflüchtigt hätte. Nach wie vor arbeitet man am „Badischen Wörterbuch" (seit 1914) und spricht man in aller Mund vom Badischen, von den Badenern, auch vom Altbadischen und vom Großherzogtum Baden, vom Freistaat Baden, von badischen Dichtern und Künstlern, Erfindern, Landsleuten und sogar von der badischen Küche und dem enormen Sortenreichtum der badischen Weine. Trösten wir uns: Preußen wurde aufgelöst und totgesagt – wer aber wüßte nicht mehr, was Preußen war und preußisch bedeutet hat? Oder: Berlin ist keine Reichshauptstadt mehr und zweigeteilt dazu – wer würde die Stadt und ihre Geschichte und Tradition deshalb minder schätzen? Von des Tagespolitik leben weder die gewachsene Landschaft noch die Menschen in ihr. In der Art, wie der letzte badische Großherzog seinen Verzicht leistete, mußten sich die Altbadener ebenso großzügig und gutgläubig dreinschicken. Aus dem „Deutschen Reich" ist BRD und DDR geworden, und die anderen Teile wurden getilgt. Baden kann auch in Baden-Württemberg Baden bedeuten und bleiben, statt der Spaltung dort: hier Zusammengehen, Sich-Vereinen.
Wir erinnern hier nur an den Fortbestand eines „Badischen Staatstheaters", ans „Badische Landesmuseum" und die „Landessammlungen für Naturkunde" sowie an die „Staatliche Kunsthalle", alles getreulich in der ehemaligen badischen Landeshauptstadt Karlsruhe bewahrt oder auch neu aufgebaut, wir erinnern an die uns in den so zahlreichen andern Museen und Bibliotheken des Landes überlieferten Kostbarkeiten, nicht zuletzt an die wertvollen Handschriften wie etwa an die Manessische Liederhandschrift in Heidelberg oder an die Laßbergische Nibelungenhandschrift in der Fürstlich-Fürstenbergischen Bibliothek in Donaueschingen, des weiteren an auf Bundesebene geförderte Museen wie die einmaligen Sammlungen im Rastatter Schloß (jetziges „Historisches Museum"), ebenso ans Freiburger Augustinermuseum und ans Konstanzer Rosgartenmuseum, ans Mannheimer Reiß-Museum und an die dortige Städtische Kunsthalle und nicht zuletzt ans Zähringer Museum im Neuen Schloß zu Baden-Baden. Ob von kommunaler, von Landes- oder Bundesebene aus gefördert – es versteht sich von selbst, daß dergleichen zu erhalten und der Öffentlichkeit mehr denn je zugänglich zu machen ist –, das Badische läßt sich auch hier nirgends in irgendeiner Weise ausklammern, und solche Dokumentation geht unser Land heute in nicht minder intensiver Aufzeigwürdigkeit an als zu einer Zeit, in der das alte Baden noch seine intakten staatlichen Funktionen wahrzunehmen hatte.
Es ist der Schwarzwald geblieben und ist der Rhein geblieben (um den es vor der Neuregelung bzw. Beschneidung des Rheinseitenkanals dereinst viel trüber aussah), es ist der Kaiserstuhl mitsamt seinem Wein und ist das Hügelland im Norden mitsamt seiner Fruchtbarkeit geblieben. Es sind auch die noch immer ungezählten Zeugnisse aus Kunst, Kultur und Geschichte verblieben, insofern sie nicht von den so oft dieses Land heimsuchenden Kriegsfurien zerstört wurden. Es ist eigentlich alles geblieben, was den Altbadenern und auch den Neubadenern Heimat bedeuten kann.
„Es erweckt immer ein eigentümlich belebtes Gefühl in mir, wenn ich auf meinen Wanderungen dem Rhein begegne ... Die Nacht war völlig still und der Mond erheiterte sie aufs lieblichste. Gegen den Rhein hin lag die Landschaft in einem weißgrauen Schleier; ihr aber gegenüber hoben sich die Schwarzwälder Gebirge in großen blauen Gestalten zu einer majestätischen Kette ..."[117]. – „Das Schloß, oben, hinter dem Turm, seine Türmchen, Ziergiebel und Fronten in unpathetischem, dem Ländchen angemessenen Barock hüllen sich in Abenddunst. Nur morgens, bei Sonnenaufgang, entbrennen die Fenster, als sei das Feuer wieder ausgebrochen, das am Bartholomäustag 1689 die alte Residenz und die Kirche und fast das ganze behagliche Geniste der Geistlichen und Ordensleute, der Handwerker und Gast- und Badewirte verzehrt hat. Hohenbaden, fern oben, zwischen Wald und Felsenkamm, hat sich dem Tag schon entzogen ..."[118]– „Bei unseren stundenlangen Spaziergängen zwischen den stolzen Mauerresten [des Heidelberger Schlosses] erzählte mir der große Junge aus der neuen Welt und aus der neuen Zeit, wie der Gattin des Winterkönigs das Schloß immer noch nicht prächtig genug war und wie sie für sich allein einen neuen Palast forderte ... Und als all diese Üppigkeit zerstört war, da nahm die Natur sich wieder der zertrümmerten Paläste an und wob sie ein in die herrliche Unebenmäßigkeit ihres eigenen Lebens. Der Wald und seine stolzesten Baumfürsten trugen die Wunden, die ihnen Sturm und Wetter in Jahrhunderten geschlagen. Sie waren darum nicht minder schön ... Und in diesem Urstand der Natur war das Schloß langsam zurückgeführt worden, während Efeu und Moos ihr zärtliches Werk taten. Das Schloß wurde vom ewigen Gang der Dinge heimgeholt, und das war ein Glanz der Vergänglichkeit, den keine Erneuerung zerstören durfte ..."[119].
Hier darf vermerkt werden, daß das badische Land mit Heidel-

berg und dem Rhein und seinen zahlreichen Ruinen gerade die Stecher im 19. Jahrhundert – voran der Altmeister Joh. Poppel[120] – zu spätromantisch-biedermeierlichem Wirken angeregt hatte. – „In den feuchten Auwäldern des Rheins, wo die wilde Rebe heute Denkmalschutz genießt, hielt sie mit der grünen Wiederbesäumung des Stromes erneut ihren Einzug. Die Verbreitung der Weinkultur betreuten in unseren Zonen Gallier und Römer ... Schon im 8. Jahrhundert gab es von den Klöstern gegründete Musterschulen für den Weinbau. Und bis zum 16. Jahrhundert hat die Rebe als unentbehrliches Gewächs ihre größte Anbaufläche gewonnen ... Alles Grün der Vorbergwogen des Schwarzwaldes ist Rebgrün ... Sie füllt den Mund der Täler, steigt hinauf bis zum dunklen Wald. An allen Südhängen breitet sich ihr lichter Mantel aus. In der Bucht des Breisgaus dringt sie im Columbigarten bis nahe an das Freiburger Münster heran und besetzt in wohlgeordneten Bataillonen die verwitterten Wälle des Schloßberges ... Sie rankt sich am Brustgemäuer zerfallener Burgen hoch, umwindet mit ihren Girlanden einsame Höfe ... Im Mittelbadischen schlägt ihr Teppich den weiten Raum aus, in dem einst Erwin von Steinbachs Wiege stand, umkleidet die gewölbten Bergschultern der Yburg ..."[121]. – „Zu Anfang des 18. Jahrhunderts waren die ersten Holländer ins Kinzigtal geritten gekommen und hatten auf große Tannen und Eichen gefahndet zu Schiffsbauten. Damit begann der Handel nach Holland, während früher die Schifferschaften vom Kinzigtal nie weiter als bis Bingen, höchstens bis Köln gefahren waren. Die Flößergespanne des Kinzigtals gingen nur bis Willstätt, die Willstätter nur bis Kehl, die Kehler bis Steinmauern bei Rastatt, die von Steinmauern bis Mannheim ... Der Mann, welcher, unermüdlich tätig, mit Tannen handelte und den Holländern ihr Schiffsbauholz lieferte, handelte aber auch noch ... mit Schmucksachen. Er ließ im Bunde mit einem Bürger ... von Waldkirch Granaten schleifen und trieb damit einen schwunghaften Handel nach Italien ..."[122]. – „Die reizende Umgebung [Rastatts] lockte an sonnigen Tagen zu Nachmittagsausflügen: bald nach Rotenfels oder Gernsbach, wo die Stätte des sagenhaften Grafensprungs auf dem Weg nach dem Ebersteiner Schloß mir tiefen Eindruck machte; bald nach dem wenig heimlichen, muschelverschalten Schlößchen Favorite, das in seinem vereinsamten Wäldchen, oasenhaft in der Rheinebene gelegen ... das prächtige Riesenporzellan aus dem ersten Drittel des achtzehnten Jahrhunderts in der Schloßküche, die zahlreichen Tapetentüren, das gruselige Spiegelzimmer und vor allem die seitab stehende gebüschversteckte Kapelle mit den schrecklichen Marterwerkzeugen, wohin sich die Markgräfin Augusta Sibylla, die Gemahlin des Türkenludwigs, alljährlich wochenlang zur Geißelung und Bußübung zurückzog, und wo ihre einzige, schweigsame Tischgesellschaft aus drei schauerlichen Wachsgestalten bestand, die mit glasigen Augen noch in die Neuzeit hereinstarren ..."[123]. – „Der Name ‚Erbprinz' läßt uns an jene Zeit zurückdenken, als die das Albtal bewachende freie Reichsstadt [Ettlingen] die Residenz der Markgrafen von Baden war. Im Ettlinger Volksfest, dem ‚Sibyllentag', lebt heute noch die Erinnerung an die Gattin des ‚Türkenlouis', Markgräfin Sibylla Augusta ... Der Kunstfreund wird auf dem Ettlinger Marktplatz den 1498 errichteten Georgsbrunnen bewundern, in welchem sich einstige Stadt- und Marktgerechtigkeit dokumentieren ... Der im hübschen Barockbau des Rathauses eingemauerte römische Neptunstein, den eine Schiffergesellschaft später als Votivstein verwendete, wird ihm ebenso wie der niedere Römerturm im Hof des Schlosses sagen, daß die bereits 788 erwähnte Stadt auf römischen Grundmauern steht..."[124]. – „Bernau, wo ich am 2. Oktober 1839 zur Welt gekommen bin, ist um den Johannistag herum ein von Blumen- und Honigduft erfülltes hochgelegenes Wiesental, von braunen Forellenbächlein durchzogen; ein Kranz von Bergen, so gelagert, daß sie das Tal nicht einengen, umgibt es mit dunkeln Tannen. Durch das stundenlange breite Tal reihen sich die mit Schindeln gedeckten braunen Holzhäuser, bilden in dem grünen Tal einzelne Dorfgruppen, in deren mittleren sich die Kirche befindet. Bei der etwa 900 Meter Höhe, in der sich das Tal befindet, ist der Winter recht lang und sehr schneereich... Gezeichnet habe ich, so lange ich mich zurückerinnern kann, als Kind schon lange, ehe ich in die Schule ging; ich saß am Boden und kritzelte auf einer Schiefertafel herum... Auch die Bauernmalerei, die Kasten und Truhen, auch holzgetäfelte Stuben, manchmal auch Fensterladen mit Blumen, Farben, Bändern und Sprüchen zierte, verschwand ... und der so schön bemalte Schrank wurde brutal mit Nußbaummaserung überstrichen. Die Kruzifixe und Muttergottestafeln, die im Uhrenmacherhaus hergestellt wurden, wurden von Hausierern vertrieben..."[125]. – „Wenn man Selbstbildnisse Thomas und Bühlers gegeneinander hält ... so steht hinterm bärtigen, breitgefügten, stämmigen Thomakopf mit dem klaren, in sich selber ruhenden Blick der Wald, aus dem er herkommt, Brombeerhürste und Tannen ... Das Waldgefühl verläßt ihn in keinem seiner Bilder ... Dagegen steht Bühlers schmaler Kopf, vom weit über Strom und Ebene hinausspähenden Blick beherrscht, behend, beweglich die Gestalt, immer bereit, sich schwimmend dem Rhein hinzugeben ... Der Strom ist ebensowenig wie bei Hans Thoma der Wald nur zum Symbol des Schaffens zu erheben..."[126]. – „Jenen Donnerstag, den 12. September 1816, feierte der 76 Jahre alte, nunmehr badische

Hofrat Heinrich Jung-Stilling in Karlsruhe als einen seiner letzten ... Es war ein sonniger Tag des frühen Herbstes ... es leuchtete und wehte lind durch die weite Ebenelandschaft der kleinen Residenz, welche sich ganz langsam von den letzten Schlägen der nunmehr beendeten napoleonischen Kriegszeit zu erholen begann ... von Heidelberg, wo er nicht mehr recht am Platze war [Jung-Stilling hatte sich als Starchirurg und Autobiograph einen Namen gemacht], hatte ihn die Gnade des Landesfürsten nach Karlsruhe gerufen; und dort lebte er nun in der Stern- und doppelten Fächerstadt, welche sich ganz allmählich aus dem Hardtwald herausschälte ... Von Grund in Nassau gebürtig, weilte er nun in einer Stadt, die ihm äußerlich ein Rätsel blieb, wenn ihm auch seine mystische Schau oft erlaubte, die tieferen Dinge in Stadtplan und sonstiger Symbolik auf seine eigene Weise zu ahnen und zu deuten ...“[127]. – „Zwischen Überlingen und Nußdorf, dicht am schilfraunenden Seegestade, steht, in der Hut eines mächtigen Lindenbaumes, meine Lieblingsbank. Hier habe ich, libellenumschwirrt, schon manchen guten Gedanken gehascht, mich vom Geplauder der Bodenseewellen in Traum wiegen ... lassen ... Bald legte die scheidende Sonne ein breites Orangeband huldigend über die silberflüssigen Wogen, in dunkelsattem Blau erglühte der Bodanrück, dessen waldige Ufer wir am nächsten Tag zu durchstreifen gedachten ...“[128]. – „Nun überspannt sie schon 428 Jahre den grünen Spiegel der Tauber. Wer so viele Jahre einem Fluß gelauscht hat ... hat viele Erlebnisse in sich aufgenommen ... Es ist eine einfache Brücke, edel und schön aus Stein in die Landschaft gebaut und von Pappeln beschattet und gesäumt. Auf der einen Seite steht Sankt Nepomuk, der Brükkenheilige, auf der andern Seite ragt das Kreuz auf. Hier ist Florian Geyer vom Pferd gesprungen, hier hat sich sein Fuß auf die Brückenbrüstung geschwungen; mit dem Rücken hat sich der Bauernführer an das Kreuz gestellt ...“[129].

In solcher Zitierweise ließe sich seiten-, bogen-, ja bandweise fortfahren, wir aber wollten unsern bisherigen vorwiegend historisch orientierten Texten und Angaben nur auch noch etwas Farbe und etwas vom Reichtum unseres Landes geben; daß wir dazu einheimische, eben badische Dichter im engeren Sinn zu Worte kommen ließen, war uns selbstverständlich. Was sich hier immer wieder ausdrückt, ist die Mannigfalt der Landschaften mit ihren Menschen und Stätten, ist auch die Vielfalt der Sehweisen, wie sie in unseren Beispielen aus jüngerer und jüngster Zeit stattgefunden haben. Wir haben ja keinen Mangel an Heimatbüchern vielfältigster Art, und es mag nicht eine jede Landschaft und ein jedes Land gleich häufig und reichhaltig besungen und gepriesen worden sein. Weder an alten Burgen und Ruinen noch an ihnen zugewandten Sagen haben wir Mangel, schon mehr das Gegenteil: wer wagt es zu bewältigen? In einem Band, der vorzugsweise vom Geschichtlichen herkommt und dieses in und aus verschiedenartiger Sichtweise immer wieder in den Mittelpunkt rückt, mag Kunst und direkte Gegenwart (sprich aktuelles Tagesgeschehen) leicht in den Hintergrund treten, was nicht heißen soll, daß man es vergessen oder gar übersehen hätte. Die Bilder sprechen ja davon. Und das allorts tatsächlich noch Vorhandene erweist sich als noch entschieden intensiver: beide, Text und Abbildung, wollen zu ihm und zu seinem Sich-bewußt-Werden ja nur hinführen.

Baden ist uralte Kulturlandschaft. Das setzt mit den Hügelgräbern bei Villingen und mit den altgermanischen Opfersteinen im Murgtal ein, das erweisen ebenso die Reste der römischen Thermen in Baden-Baden und Badenweiler (letztere vom Markgrafen Karl Friedrich nach ihrer Wiederentdeckung der Nachwelt vorbildlich erhalten) sowie die zahlreichen Fundstücke in den verschiedenen größeren und kleineren Museen unseres Landes. Alsdann hat die Romanik eine Reihe von bedeutenden Bauwerken auf badischem Boden hervorgebracht, erinnert sei vorzugsweise an Schwarzach, Frauenalb und Herrenalb, ebenso an Klosterreichenbach und vor allem an die Kirchen auf der Reichenau. Die Gotik hat hierzuland ihren Höhepunkt in der Schöpfung des Freiburger Münsterturms erreicht, eines ihrer frühesten Zeugnisse auf deutschem Boden dürfte die Klosterruine von Allerheiligen sein. In solchem Zusammenhang sind auch die Lahrer Stiftskirche und das Kloster Lichtental zu nennen, das Konstanzer Münster und das Überlinger Münster St. Nikolaus, des weitern das Breisacher und das Salemer Münster, in Offenburg St. Andreas und in Villingen das Heilig-Geist-Spital, in Heidelberg die Heiliggeistkirche. In die Zeit der Spätgotik weisen die Tiefenbronner Magdalenenkirche ebenso wie die Lautenbacher Wallfahrtskirche Mariä Himmelfahrt. Profanbauten aus dem Mittelalter haben sich nicht nur in den größeren Städten (Freiburger Kaufhaus) erhalten, vielmehr finden sich gerade in einer Reihe kleinerer Orte noch beredte Zeugnisse mittelalterlicher und spätmittelalterlicher Städtebilder (so etwa Mosbach, Ettlingen, Forbach, Renchen, Schiltach, auch Endingen, Engen u. a.). Erinnert sei in diesem Zusammenhang an die stattlichen und mitunter noch gut und stilecht erhaltenen Rathäuser aus spätmittelalterlicher Zeit. Wie in allen kultur- und kunstgeschichtlich reichen Gebieten fließen auch in unserm Land die Stile vielfältig ineinander über, meist schon durch lange Bauzeit oder An- und Neubauten veranlaßt (Säckinger Fridolinsmünster). Solche Symbiosen haben wir bereits im Übergang der Romanik zur Gotik (Freiburger Münster), noch mehr aber infolge des Wiederaufbaus nach den Zerstörungen im Dreißigjährigen Krieg. Die Barockzeit hat unserm Land in Peter Thumb (Birnau, St. Peter) einen stammesverwandten Baumeister (aus Vorarlberg) beschert; bedeutende Schloßanlagen finden sich vor allem in Heiligenberg (Renaissance), Meersburg, Rastatt und Bruchsal, Schwetzingen und Mannheim (hier auch die Jesuitenkirche), fast durchweg im Zweiten Weltkrieg teil- oder ganzzerstörte Bauwerke, die man in den Nachkriegsjahren großzügig rekonstruiert hat. Klassizistische Bauten (von Friedrich Weinbrenner, 1766–1826) beherrschen Karlsruhe, auch Baden-Baden hat sein Kurhaus aus dieser Stilepoche, während sich die Abteikirche von St. Blasien als „großartiges Denkmal frühklassizistischer Richtung" (Dehio) ausweist. Im übrigen haben wir es mehr oder weniger im gesamten badischen Raum mit einer stattlichen Reihe von gelungenen Dorfkirchen barocker und nachklassizistischer Stilelemente zu tun – die einschlägigen Werke bzw. Kunstführer wissen darüber eine Fülle von Details zu berichten. Ähnliches gilt für spätgotische und barocke Schnitzaltäre, für romanische Kleinkunst und gotische Kruzifixe sowie für erstrangige Bildwerke kirchlicher Kunst von den Schongauer-Fresken in Breisach über den Magdalenenaltar in Tiefenbronn (Lukas Moser) bis zum Hochaltar des Freiburger Münsters (Hans Baldung Grien).

Es müßte im Anschluß daran etwa auch von den Schwarzwälder Trachten und der badischen Volkskunst und von den verschiedenen Formen des Schwarzwaldhauses die Rede sein, vom Hotzenwaldhaus mit tief heruntergezogenem Dach, vom Heidenhaus im mittleren Schwarzwald, vom Zartener Haus im Breisgau, vom Bodenseehaus ebenso wie vom Ringsumgehöft nach fränkischer Art in der Ebene.

Sodann sollte man sich dieses und jenes althergebrachten Brauchtums erinnern, etwa der alemannischen Fasnacht und der verschiedenartigen eigentümlichen Tänze (Hammeltanz im mittleren Schwarzwald, Hahnentanz auf der Baar, Holzapfeltanz in der Pfalz), wohl auch der Hochzeitssitten und bestimmter Geburts- und Sterbebräuche. Die Verschiedenartigkeit der Landschaft und ihrer Bewohner hat hier reichliche und heutiger Volkskundeforschung würdige Varianten geschaffen.

Das Badische – wiederum zugleich Vielfalt und nuancenreiche Einheitlichkeit – dominiert in den mannigfaltigsten Schichten und Schichtungen kultureller Tradierung bis hin zu wissenschaftlicher Forschung und Lehre.

Vielleicht wäre hier auch der gegebene Ort, kurz an die „Badische Philosophenschule" zu erinnern, deren Hauptvertreter – Wilhelm Windelband, Heinrich Rickert u. a. – einen Neukantianismus im Sinn einer kritischen Wissenschaft von den allgemeingültigen Werten des Wahren, Guten und Schönen besonders in den ersten Jahrzehnten unseres Jahrhunderts vertraten. Der gebürtige Meßkirchener Martin Heidegger (1889–1976) muß sowohl als philosophischer Einzelgänger und Einmaliger wie auch als seiner badisch-alemannischen Heimat eng verbunden (Auseinandersetzung mit Johann Peter Hebel) unbedingt Erwähnung finden. Es ist selbstverständlich und würde hier zu weit führen, wollten wir der stattlichen Phalanx badischer Gelehrter gedenken, die weit über die badischen Landesgrenzen hinaus gewirkt haben (etwa der Staatswissenschaftler Eduard Baumstark aus Sinzheim, 1807–1889; der philosophische Schriftsteller und Bekenner Alfred Delp aus Mannheim, 1907–1945; der Mediziner und „Biedermeier"-Mitanreger Adolf Kußmaul aus Graben bei Karlsruhe, 1822–1902; der Historiker Franz Schnabel aus Mannheim, 1887–1966, der Psychologe Wilhelm Wundt aus Mannheim-Neckarau, 1832–1920); ganz zu schweigen von der hohen Anzahl international bedeutender Wissenschaftler, die oft ihre besten Jahre an den badischen Universitäten Freiburg und Heidelberg in Forschung und Erfindung, Lehre und Wirken verbracht haben.

Und schließlich müßte doch auch von dieser und jener technischen Errungenschaft gesprochen werden, etwa von Rundfunk und Fernsehen und den Donaueschinger Musiktagen, vielleicht ebenso von der durchgängigen Rheintalautobahn und von der Breisacher Zentralkellerei mit ihren 100 Millionen und mehr Litern, überhaupt vom modernen Winzergenossenschaftsbetrieb, auch von den die alten Tabakschöpfe zunehmend ersetzenden Tabakaluminiumtrockenhallen, sodann von den großen Kläranlagen und dem verspätet einsetzenden Natur- und Umweltschutz. Vielleicht gar von den Hochhäusern und Wohnblocks, die auch unsere Städte zunehmend verschandeln, vielleicht noch von den großen Umgehungsstraßen, die tüchtig Land wegfressen. Und gar von den Terrassenhäusern rund um die bis dahin idyllisch gelegenen Schwarzwaldkurorte, überhaupt vom vielen vielzuvielen Beton und vom diabolischen Lärm auf den Straßen, die noch so wenig Lärmschutz aufweisen, und auch von den Abgasen der Auspuffe der Autos aus aller Herren Länder, die unser Land und uns besichtigen, und der Schornsteine aus unseren eigenen ölgeheizten Häusern. Aber auch manches Positive wäre zu berichten (wenn man es in seinen Endergebnissen noch als positiv werten darf), etwa das Wachstum der Hochschulen samt ihren Neugründungen, auch im Altbadischen (Konstanz), das Errichten neuer Klinik- und Kurzentren (auch wenn es die Patienten bzw. die Krankenkassen kaum bezahlen können), die Tatsache, daß jedem Ort sein eigenes Schwimmbad und Sportzentrum gebührt (auch wenn keine oder kaum Mittel vorhanden), der Bau so vieler neuer Kirchen (auch wenn sie außen mitunter gar nicht als solche zu erkennen sind und inwendig die Gläubigen sich nicht sonderlich drängen), der Nachholbedarf, ja Überschuß im Schulbau (auch wenn die Lehrer fehlen oder sich drängen und vom Staat nicht ohne weiteres genügend gut honoriert werden können), die Beibehaltung des Wortes „badisch" bei vielen Industrie- u. ä. Unternehmen, Banken, Versicherungen, Vereinen und Vereinigungen und was sonst. Wir kommen bewußt vom Historischen her und fühlen uns hier zu weiterer Zeitkritik nicht berufen; kommt hinzu, daß es sich dabei meist um Allgemeinplätze handeln dürfte, die nicht nur auf unser größeres Baden-Württemberg bezogen werden müssen, sondern ebenso sehr im Bayrischen oder auch im Holländischen Furore machen können.

Auch die Stimmen der Alten, eines Sebastian Münster, eines Merian, eines Abraham a Sancta Clara, die Chronika Derer von Zimmern haben wir uns versagen müssen. Das alles ist freilich gut badisch oder trug zum seinerzeit künftig Badischen bei, war Aufgabe und ist Schicksal geworden. Schon Heunisch[130] hatte es in zeitbedingter spätromantisierter Weise gesehen: „Das Land, im schönsten volkreichsten und kultivirtesten Theile von Süddeutschland ... gelegen ... Baden gehört zum deutschen Berg- und Hügellande, ist reich an reizenden Gegenden, malerischen Ansichten und Naturschönheiten ...". – „Es gibt einen badischen Himmel, den Baden nicht Napoleon verdankt ... Aber wer denkt heute noch an dieses politische Gefüge eines Landes ..." meinte Franz Schneller in seinem Band „Schönes Baden"[131]. Und Eberhard Meckel hatte es dahinaus formuliert: „Schlösser spiegeln, wenigstens teilweise, die Geschichte des Landes, der Landschaft wider ... Freilich nicht nur die Geschichte, sondern auch das Schicksal, und alle haben ihr eigenes Geschick die Zeiten, die Jahre, die Jahrzehnte, die Jahrhunderte hindurch... Solche Stationen... gibt es viele längs des Oberrheins ... der Landschaft nah am Strom, die badisch ist ..."[132]. In diesem Zusammenhang darf allerdings eine kurze Übersicht über die „Badischen Schlösser"[133] nicht fehlen. Neben dem großherzoglichen Schloß in Karlsruhe, dem eigentlichen Amtssitz des jeweiligen Landesfürsten, ist hier das Markgräfliche Palais (u. a. Wohnsitz der Witwe Friedrichs I., der Großherzogin Luise) sowie das Absteigequartier in der ehemaligen Hofbibliothek zu erwähnen; sodann in Freiburg das Großherzogliche Palais in der Salzstraße (u. a. Wohnsitz Friedrichs II. und seiner Gemahlin, der ehemaligen Großherzogin Hilda, bis 1944), ferner das Erbgroßherzogliche Palais in Karlsruhe (ein umstrittener Bau voller Historismen, zeitweise vom [nachmaligen] Großherzog Friedrich II. bewohnt). 1803 war das Heidelberger Schloß durch Anfall der rechtsrheinischen pfälzischen Gebiete ans großherzogliche Haus gelangt, in der Folgezeit wurde unter der Regierung Friedrichs I. insbesondere der Friedrichsbau mit aufwendigen Mitteln restauriert bzw. renoviert. Zu einem großherzoglichen Palais und Absteigequartier war die ehemalige kurpfälzische Landkanzlei (Landschreiberei) ebenda umfunktioniert worden, u. a. bewohnten sie die beiden Söhne Leopolds während ihres Studienaufenthaltes in den Jahren 1843–1845. Das Schwetzinger Schloß war zeitweilig von Großherzog Karl und seiner Gemahlin Stephanie bezogen worden (1807, 1809 und 1811); das Mannheimer Schloß wurde der jahrzehntelange Witwensitz von Großherzogin Stephanie. In den Jahren 1900–1909 hatte man das Bruchsaler Schloß, das nach der Säkularisation dem badischen Herrscherhaus aus Speyerischem Bistumsbesitz anheimgefallen war und das der verwitweten Erbprinzessin Amalie – ihr Gatte, Erbprinz Karl, war 1801 nach einem Unfall verstorben (vgl. o.) – bis zu ihrem Tod im Jahre 1832 als Wohnsitz und zu mitunter glanzvoller Hofhaltung gedient hat, vorbildlich renoviert. Zuvor (1898–1907) war das Rastatter Schloß, nachdem ihm das 19. Jahrhundert stark zugesetzt hatte, in seinem Äußeren völlig erneuert worden. An kleineren Schlössern und Burgen sind alsdann noch das Schlößchen Favorite bei Rastatt (vgl. o.), des weitern die Burgen Neueberstein im Murgtal unweit von Baden-Baden sowie Zwingenberg am Neckar zu verzeichnen. Letztere hatte dem letzten badischen Großherzog (Friedrich II.) nach seinem Regierungsverzicht als erster Zufluchts- und Aufenthaltsort gedient (10 Jahre danach verstarb er im Badenweilerner Schlößchen, seine Witwe Exgroßherzogin Hilda folgte ihm im Tode ebenda 1952). Abschließend soll hier noch an Schloß Langenstein (dessen Herrschaft von Großherzog Ludwig für seine ihm morganatisch angetraute Gattin, der nachmaligen Gräfin Langenstein, gekauft worden war) sowie an das Schloß Mainau (1853 von Friedrich I. aus dem Besitz der Gräfin Langenstein gekauft, nachdem es 1827 durch den Fürsten Nikolaus Esterhazy für 65000 Gulden vom badischen Staat erworben worden war; gelangte über Friedrich II. testamentarisch – eine Schwester von ihm war mit dem schwedischen König verheiratet – in den Besitz des schwedischen Königshauses) und an Schloß Salem erinnert werden (1803 als Reichsstift aufgehoben und dem badisch-markgräflichen Haus übergeben; 1920 errichtete Prinz Max von Baden in einem Teil der Klostergebäude eine Internatsschule). Es sollte dann nochmals des Neuen Schlosses in Baden-Baden (hier verstarb Großherzogin Luise 1923) sowie der großen Burg- und Schloßruinen des Landes gedacht werden (Rötteln und Hochburg, Altes Schloß in Baden-Baden): Zeugnisse ehemal. markgräflicher Herrschaftssitze und -bereiche.

Trefflich hat es alles in allem einmal Kasimir Edschmid ausgesprochen: „Baden ist nicht nur in der Zusammensetzung seiner Landschaften ein historisches Gebilde, es ist darüber hinaus auch ein ganz bestimmter historischer Begriff. Er umfaßt eine Intimität, etwas Romantisches und ein in Deutschland seltenes Maß von Südlichkeit. Baden reicht von dem berühmten Zedernwald Weinheims bis zu der tropischen Bodensee-Insel Mainau und der fruchtbaren, ungewöhnlich üppigen Vegetation der Fischer- und Blumeninsel Reichenau ..."[134]. Und in ihrer „Kleinen Vorbemerkung zur zweiten Auflage" meint Elisabeth Walter, die Verfasserin der geradezu klassisch gewordenen „Abenteuerlichen Reise des kleinen Schmiedledick mit den Zigeunern [durchs badische Land]"[135] treffend: „Seit das Buch zum erstenmal erschien [1930], hat sich manches verändert in unserer Heimat. Der Krieg ist über sie hinweggegangen und hat vieles zerstört ... Diese Zerstörungen sind Wunden, aber keine unheilbaren Wunden. Die Erinnerung an das Alte und der Wille, die Heimat schön zu sehen, spornen uns an, wieder aufzubauen. Auch wenn die Städte oder Orte dann ganz neue Gesichter bekommen, so werden sie doch die Züge der Heimat tragen, wenn wir mit ihr verbunden bleiben." – Badener in aller Welt – hätte man vielleicht auch einen Abschnitt unserer Ausführungen überschreiben müssen. Da wären dann u. a. der Entdecker des Heilmagnetismus (= Mesmerismus), Franz Anton Mesmer (* 1734 in Iznang am Bodensee, † 1815), auch der Begründer der „Astoria"-Hotels, Johann Jakob Astor aus Walldorf bei Wiesloch (1763–1848), ferner der nachmalige Brixener Fürstbischof, Bernhard Galura (* 1764 in Herbolzheim im Breisgau, † 1856), des weitern der Erbauer der bolivianischen Eisenbahnen, Hans Grether (* 1880 in Lörrach, † 1925), und nicht zuletzt der goldmythenumwitterte „Kaiser von Kalifornien", Johann August Sutter (* 1803 in Kandern, † 1880 relativ verarmt nach unglückseligen Prozessen in einem Washingtoner Hotel) mitaufzuführen gewesen. Aber wir wollten ja von vornherein nicht zu sehr über die Grenzen dringen, und wir haben erfahrungsgemäß in unserem Land genug, ja übergenug einzusehen, vorzustellen, zu würdigen und zu bewältigen.

1959 und demnach schon etliche Jahre nach der Neubildung des Landes Baden–Württemberg sind die „Kunstwanderungen in Baden"[136] erschienen. Dort heißt es u. a. im Vorwort: „Zu Beginn des Jahres 1956 wurden die Unterzeichneten ... mit der Bearbeitung der ‚Kunstwanderungen in Baden' beauftragt. In der Anlage konnten ihnen die ‚Kunstwanderungen in Württemberg und Hohenzollern' ... als Muster dienen. Zu ihnen soll das vorliegende Buch das Gegenstück bilden ...". Und da behaupte jemand, daß mit der Kreierung des Südweststaates es kein Baden im herkömmlichen bzw. klassischen und erweiterten Sinn – als Land und als Kultur- und Geschichtsbegriff – mehr geben würde! Indes sollte es sich nach all dem Gesagten ja längst erwiesen haben und daher keineswegs als Kuriosum gelten: Baden und das Badische und die Badener existieren auch weiterhin als vielfältig Gewordenes im neuen Staat Baden-Württemberg!

Freilich sind wir uns rückblickend auch manchen Ungenügens unserer Darstellung bewußt, so vor allem der Tatsache, daß wir die „auchbadischen" Territorien, will heißen, all jene Gebiete, die im Zug der Bildung des Großherzogtums im ersten Jahrzehnt des 19. Jahrhunderts integriert wurden – Teile der Kurpfalz ebenso wie Vorderösterreich und was mehr – in ihrer „Vorgeschichte" und eben bis dahin gar sehr vernachlässigen mußten. Aber wir wollten uns ja von vornherein beschränken und in erster Linie das Werden und Zustandekommen des eigentlichen, des ursprünglichen Badens aufzeigen. Das historische Geranke, wenn nicht Gestrüpp hätte dann allzu verwirrend den ohnehin oft heftig verästelten Grund- und Direktlinien im Weg gestanden. Das aber sollte vermieden werden, wenn auch mitunter auf Kosten dieser und jener wertvollen Detaillierung und ferneren Bereicherung.

Es muß genügen, und es genügt. Die jüngsten 25 Jahre haben das Land Baden trotz der „Eingemeindung", Hineinbeziehung, Einschmelzung in den neugeschaffenen Staat Baden-Württemberg nicht absterben lassen. Was will man mehr? Was noch? Sich ganz einfach dieses seines Landes freuen und dessen Herkunft nicht mißachten. Sich orientieren und sich damit seiner selbst als Alt- und Neubürger bewußter werden – das ist Angenehmes und ist Pflicht zugleich.

Unsere Sichtweisen waren viel-, unsere Zitierungen mannigfaltig. Wir haben uns weder gescheut, jeweils mitunter extreme zeitgenössische, vereinzelt auch dichterische Stimmen zu hören, noch diese und jene Ansichten und Zusammenfassungen verlauten zu lassen. Man konnte und mußte aus dem Vollen schöpfen. Eine Eingleisigkeit monotonen, aber auch allzu essayistisch-oberflächlichen Erzählens war schon vom Standpunkt heutiger Rezeptionsbefürwortung und toleranter Quellenfreudigkeit zu vermeiden. Es hieße, das bisher Gewesene und Erkannte zu vereinseitigen und zu mißachten, hätte man sich der Reichhaltigkeit seiner Aussagen nicht immer wieder geschickt auswählend und vorsichtig wertend bedient. Es wollten hier ja nicht nur die Mosaiksteine badischer und vorbadischer Geschichte zu einem neuen Umriß gefügt werden, vielmehr sollten symptomatische Dokumentationen und Forschungen ebenso zu Wort kommen. Deren Auswahl zu einem tragenden Skelett zu konstruieren und dieses aus eigener

Sicht und mit genügend Darüberstehen, Aufgeschlossenheit und Elan zu neuem Leben zu erwecken, war Aufgabe und Sinn unserer Darstellungen und Ausführungen.
Wir sagten „Das Land und seine Geschichte", und wir meinten damit unser Land und andrer wie unser eigenes Herkommen, und wir schließen instinktiv all jenes mit ein, was man ehedem bewußt Heimat nannte und heute Zugehörigkeit und morgen Herkommen heißt. Baden war und ist eine Möglichkeit, und keine gewachsene Geschichte ließe sich löschen, ohne daß wir selber uns löschen würden – die heutige Toleranz möchte dafür sorgen, daß wir weder so noch so uns mißverstehen oder gar mißverstanden werden!

Quellennachweise

1 Freiburg i.Br., Rombach
2 Freiburg i.Br., Fehsenfeld, 1900
3 Karlsruhe, Bielefeld, Neue billige Ausgabe 1896
4 „Frühzeit und Mittelalter", Karlsruhe, Braun, 1965, 2. Aufl. 1968
5 von Otto Siegner, München-Pullach, Simon, o.J.
6 „Zur politischen und rechtlichen Entwicklung Badens" in: „Baden im 19. und 20. Jahrhundert ...", Band I, Karlsruhe, Müller, 1948
7 „Die Oberrheinlande", Breslau, Hirt, 1925
8 Alfred Rapp, „Deutsche Geschichte am Oberrhein", Karlsruhe, Führer-Verlag (!), 1937
9 „Das notwendige Bundesland am oberen Rhein", Karlsruhe, Badenerland, o.J. (nach 1967)
10 „Badische Geschichte – Die alemannischen und pfälzisch-fränkischen Landschaften am Oberrhein in ihrer politischen, wirtschaftlichen und kulturellen Entwicklung", Karlsruhe, Braun, 1951
11 Hamburg, Hoffmann & Campe
12 Freiburg, Kehrer, 2. Aufl. 1968
13 Karlsruhe, Selbstverlag des Fremdenverkehrs, o.J.
14 Leipzig, Brandstetter, 1924
15 „Badische Vaterlandskunde ...", bearbeitet von J.G.F. Pflüger, Pforzheim, Flammer, 1858
16 Karlsruhe, Groos
17 Karlsruhe, Macklot, 1845
18 herausgegeben von F. J. Schunggart, Karlsruhe, Hasper, 1845
19 „Badische Vaterlandskunde ...", Pforzheim 1858
20 Heft I; Bonndorf, Binder, 1893
21 Haebler, „Badische Geschichte"
22 vgl. etwa den „Heimatatlas der Südwestmark Baden", herausgegeben von Karl Gärtner, Karlsruhe, Kunstdruckerei Künstlerbund, 1934
23 Stuttgart und Aalen, Theiss, 1976
24 Ph. Filtzinger, „Die römische Besetzung Baden-Württembergs" in: „Die Römer in Baden-Württemberg"
25 Hugo Herrmann, „Kirchengeschichte der zur Erzdiözese Freiburg i.Br. gehörenden Gebiete", Freiburg i.Br., 1935
26 „Die Anfänge des Christentums und der Kirche in Baden", Heidelberg, Winter, 1911
27 Haebler, „Badische Geschichte"
28 ebd.
29 Würzburg, Ploetz, 1975
30 „Badische Geschichte", Karlsruhe, 1896
31 Haebler, „Badische Geschichte"
32 vgl. Hansmartin Schwarzmaier, „Die Heimat der Staufer ...", Sigmaringen, Thorbecke, 1976
33 Herzfeld, „Das Land Baden"
34 Haebler, „Badische Geschichte"
35 Freiburg i.Br., Rombach, 2. Aufl. 1967
36 „Entstehung und Schicksal der vorderösterr. Lande" in: „Vorderösterreich"
37 Haebler, „Badische Geschichte"
38 vgl. Karl Hofmann, „Aus badischen Landen", Weinheim und Leipzig, Akkermann, 1917
39 „Geographie zum Gebrauch der Gymnasien ...", Wien, Trattner, 1785
40 Hofmann, „Aus badischen Landen"
41 „Die badischen Markgrafschaften im 16. Jahrhundert", Heidelberg, Winter, 1910
42 „Baden-Württemberg", Würzburg, Ploetz, 1975
43 ebd.
44 Joseph Bader, „Das Großherzogthum Baden wie es ward und wie es ist", Carlsruhe und Freiburg, Herder, 1838
45 „Baden unter den Großherzogen Carl Friedrich, Carl, Ludwig 1738–1830", Freiburg i.Br., Wagner, 1863
46 „Badische Geschichte"
47 zusammenfassend aus: „Baden-Württemberg", Würzburg, Ploetz, 1975
48 vgl. „Magazin von und für Baden – Zweyter Band – erstes Stück", Karlsruhe, Macklot, 1802
49 vgl. etwa A.J.V. Heunisch, „Der Erdball und seine Völker – Beschreibung des Großherzogthums Baden", Stuttgart, Scheible, 1836
50 vgl. die Ausführungen im 2. Bd. des „Führer durch das Historische Museum Schloß Rastatt" von Erich Blankenhorn, Karlsruhe, Braun, 1961
51 „Ein Staat wird aufgebaut – Badische Geschichte 1789–1818", Baden-Baden, Keppler, 1948
52 nach Hofmann, „Aus badischen Landen"
53 „Baden unter den Großherzogen Carl Friedrich, Carl, Ludwig 1738–1830"
54 hrsg. von Stephan Braun, Freiburg, Herder, 1870
55 Freiburg i. Br., Herder, 1887
56 Heidelberg, Schriftenreihe der Akademischen Mitteilungen, Bd. 6., 1927
57 vgl. etwa J. L. Klüber, „Der Sponheimische Surrogat- und Successionsstreit zwischen Baiern und Baden", Gießen, Heyer, 1828
58 Haebler, „Badische Geschichte"
59 „Süddeutsche Fürstenhöfe, Band II, Der württembergische und der badische Hof", Karlsruhe, Braun, 1921
60 Carl Bader, „Die katholische Kirche im Großherzogthum Baden", Freiburg im Breisgau, Herder, 1860
61 „Universal-Lexikon vom Großherzogthum Baden...", Karlsruhe, Macklot, Zweite wohlfeile Ausgabe 1847
62 Alois Stiefvater, „Badische Landsleute"
63 Berlin, Wagenbach, 1975
64 Otto Kähni, „Offenburg und die demokratische Volksbewegung...", Offenburg, Huber, 1947
65 „Basel und der erste badische Aufstand im April 1848", Basel, Helbing & Lichtenhahn, 1926
66 „Süddeutsche Fürstenhöfe"
67 Bd. 5, Bern und München, Francke, 1977f.
68 3 Teile, Karlsruhe, Müller, 1930–1939
69 Rolf Max Kully, „Johann Peter Hebel", Stuttgart, Metzler, 1969

70 aus den „Jugenderinnerungen...", Heidelberg, Winter, 1921
71 soweit aus der (wohl kompetentesten) Biographie über „Großherzog Friedrich von Baden als Landesherr und deutscher Fürst" von Alfred Dove, Heidelberg, Winter, 1902
72 Haebler, „Badische Geschichte"
73 „100 Jahre Biedermeier – Lieder und Gedichte des badischen Dorfschulmeisterleins...", Sinsheim, Juniperus, 1955
74 Heidelberg, Weiß, 1878
75 Leipzig, Grunow, 1898
76 Leipzig, Grunow, 1905; neu herausgegeben von Friedhelm Kemp, München, Kösel, 1966
77 bearbeitet von Friedrich Rettig, Freiburg i. Br., Wangler
78 von F. v. Böckh, Oberstlieutenant im Großherzoglichen Kriegsministerium, Karlsruhe, Malsch und Vogel
79 Karlsruhe, Malsch und Vogel
80 von Archivar Ludwig Bauer, Karlsruhe, Braun
81 Sonderdruck aus dem statistischen Anhang des Hof- und Staatshandbuchs 1913, Karlsruhe, Braun
82 von A. J. V. Heunisch, mit Beigaben von Dr. J. Bader, Heidelberg, Groos, 1857
83 „Der Erdball und seine Völker – Beschreibung des Großherzogthums Baden"
84 Karlsruhe, Bielefeld, 1885 – Reprint Magstadt, Bissinnger, 1968
85 Haebler, „Badische Geschichte"
86 ebd.
87 Karlsruhe, Bielefeld und Braun
88 Heidelberg, Winter, 1906
89 Karlsruhe, Braun, 1902
90 herausgegeben von Wilhelm Ilgenstein und Anna Ilgenstein-Katterfeld, Karlsruhe, Müller, 1954
91 „Baden-Württemberg", Würzburg, Ploetz, 1975
92 herausgegeben von Prof. Dr. Eugen Fehrle, Heidelberg, Karlsruhe, Braun, o. J. (ca. 1930)
93 „Baden-Württemberg", Würzburg, Ploetz, 1975
94 von Otto Kienitz, Leipzig, Göschen, 1904
95 von Karl Bürkel, Freiburg im Breisgau, Herder, 1913
96 „ von einem geistlichen Schulmanne", Bühl, Unitas, 1906
97 Karlsruhe, Groos, 1849
98 Heidelberg, Winter, 1914
99 Breslau, Hirt, 1930
100 „Das Land Baden"
101 von Robert Eichelberger, Berlin und München, Oldenbourg, 1926
102 „Baden-Württemberg", herausgegeben von Max Miller, Stuttgart, Kröner, 1965
103 Haebler, „Badische Geschichte"
104 vgl. Untertitel der Biographie von Pius Enderle, „Dr. Joseph Schofer", Karlsruhe, Badenia, 1957
105 „Baden-Württemberg", Würzburg, Ploetz, 1975
106 Freiburg i. Br., Kehrer, 1954
107 Karlsruhe, Macklot
108 vgl. Geleitwort des von Weihbischof Dr. Wilhelm Burger herausgegebenen Bandes „Das Erzbistum Freiburg...", Freiburg im Breisgau, Herder, 1927
109 Ernst Föhr, „Geschichte des badischen Konkordats", Freiburg im Breisgau, Herder, 1958
110 Siegfried Heinzelmann, „Kirche zwischen Mannheim und Konstanz...", Neuffen, Sonnenweg, 2. Aufl. 1965
111 J. Holtzmann, Heidelberg, Groos und Mohr, 1856
112 Albert Ludwig, „Kurze Geschichte der Evangelischen Kirche im Großherzogtum Baden", Karlsruhe i. B., Fidelitas, 1918
113 „Baden-Württemberg", Stuttgart
114 „Baden-Württemberg", Würzburg, Ploetz, 1975
115 ebd.
116 ebd.
117 Josef Bader, „Fahrten und Wanderungen im Badnerland", Neufassung von „Meine Fahrten und Wanderungen im Heimatlande", Freiburg, Rombach, 1976 (bzw. Freiburg, Herder, 1853 und 1856)
118 Reinhold Schneider, „Der Balkon", Wiesbaden, Insel, 1957
119 Anton Fendrich, „Land meiner Seele", Baden-Baden, Kepler, 3. Aufl. 1950
120 besonders im „Huhn" (= „Das Großherzogthum Baden in malerischen Originalansichten... von Dr. Eugen Huhn", Darmstadt [Lange] 1850)
121 Franz Schneller, „Brevier einer Landschaft", Freiburg/Br., Badischer Verlag, 1947
122 Heinrich Hansjakob, „Waldleute", Freiburg im Breisgau, Rombach, 10. Aufl. 1968
123 Heinrich Vierordt, „Das Buch meines Lebens", Stuttgart, Greiner & Pfeiffer, o. J.
124 Max Rieple, „Durchs Albtal nach Herrenalb" in: „Erlebter Schwarzwald", Stuttgart, Stähle & Friedel, 1962
125 Hans Thoma, „Im Winter des Lebens", Jena, Diederichs, 1919
126 Hermann Eris Busse, „Hans Adolf Bühler", Karlsruhe, Müller, 1931
127 Adolf von Grolman, „Karlsruher Novellen", Heidelberg, Schneider, 1946
128 Wilhelm Zentner, „Spätlese am Oberrhein", Lahr, Schauenburg, 1958
129 Anton Schnack, „Die Brücke von Lauda" in: „Die Angel des Robinson", München, Desch, 1946
130 „Der Erdball und seine Völker – Beschreibung des Großherzogthums Baden"
131 Frankfurt am Main, Weidlich, 1964
132 „Schlösser vom Main zum Bodensee", Karlsruhe, Braun, 1962
133 vgl. Fritz Hirsch im von Eugen Fehrle herausgegebenen Band „Die Großherzöge Friedrich I. und Friedrich II..."
134 „Vom Main zum Bodensee – Die Landschaften Badens", herausgegeben von Georg Richter, Karlsruhe, Braun, 2. Aufl. 1964
135 Freiburg..., Herder, 1951
136 Emil Lacroix und Heinrich Niester (= Herausgeber des Bandes „Burgen und Schlösser in Baden", Frankfurt am Main, Weidlich, 1961), Stuttgart, Belser

Auswahl-Bibliographie

(Hier werden nur die wichtigeren und grundsätzlichen der im Text zitierten Werke berücksichtigt, ferner einige einschlägige Werke, die in unserer Darstellung keine Erwähnung fanden; auf Monographien, Quellen- und Schulbücher wurde im allgemeinen verzichtet, desgleichen mit wenigen Ausnahmen auf die einschlägigen Werke über Baden-Württemberg 1952 ff. [schon in Parallele zum insgesamt mit der Gründung des „Südweststaates" endenden Textes]; schließlich wurden Werke mit vorwiegend alemannischen, fränkischen und pfälzischen Titeln sowie oberrheinischer und südwestdeutscher Prägung, auch Bücher über Bodensee, Hegau, Odenwald, Oberrheinebene, Schwarzwald usw. weggelassen.)

Altenstetter, Josef, Das notwendige Bundesland am oberen Rhein, o. J.

Andreas, Willy, Baden nach dem Wiener Frieden 1809 (Neujahrsblätter der Badischen Historischen Kommission), 1912.

Baader, Bernhard, Volkssagen aus dem Lande Baden und den angrenzenden Gegenden, 1851 und 1859 (Reprint 1973).

Baden. Monographien seiner Städte und Landschaften, 1–12, 1949–1960.

Baden-Württemberg (Handbuch der historischen Stätten Deutschlands, 6. Bd.). Herausgegeben von Max Miller, 1965.

Baden-Württemberg – Geschichte seiner Länder und Territorien (Territorien-Ploetz: Sonderausgaben) von Eberhard Gönner und Günther Haselier, 1975.

Bader, Carl, Die katholische Kirche im Großherzogthum Baden, 1860.

Bader, Joseph, Badische Landes-Geschichte ..., 3. Aufl., 1881.
Bader, Joseph, Das Großherzogthum Baden wie es ward und wie es ist, 1838.
Bader, Karl S., u. a., Baden im 19. und 20. Jahrhundert – Verfassungs- und verwaltungsrechtliche Studien, Bd. 1–3, 1949–1953.
Bader, Karl S., Der deutsche Südwesten in seiner territorialstaatlichen Entwicklung, 1950.
Das badische Bürgerbuch. Eine Sammlung der öffentlichen Bundes- und Landesgesetze, 1845.
Badische Fundberichte. Amtliches Jahrbuch für die ur- und frühgeschichtliche Forschung Badens, 1925 ff.
Badische Heimat. Zeitschrift für Volkskunde, Heimat-, Natur- und Denkmalschutz, 1914 ff.
Badisches Wörterbuch, (begründet von Ernst Ochs), 1925 ff.
Berger, Hans Adalbert, Badnerland, 1924.
Brunner, Karl, Baden in der deutschen Geschichte, 1908.
Brunner, Karl, Badische Geschichte, 1904.
Brunner, Karl, Die Pflege der Heimatgeschichte in Baden, 1901.
Burger, Wilhelm, Das Erzbistum Freiburg in Vergangenheit und Gegenwart, 1927.
Dölling, Regine, Dome, Kirchen und Klöster in Baden, 1967.
Dove, Alfred, Großherzog Friedrich von Baden als Landesherr und deutscher Fürst, 1902.
Dreßen, Wolfgang, 1848–1849: Bürgerkrieg in Baden..., 1975.
Ekkart. Jahrbuch für das Badner Land, 1920 ff.
Fehrle, Eugen, Badische Flurnamen, 1931 ff.
Fehrle, Eugen, Badische Volkskunde, 1924.
Fehrle, Eugen (Hrsg.), Friedrich I. und Friedrich II. und das badische Volk, o. J. (ca. 1930).
Festschrift zum fünfzigjährigen Regierungsjubiläum ... Großherzogs Friedrich von Baden (vom General-Landesarchiv gewidmet), 1902.
Föhr, Ernst, Geschichte der badischen Konkordats, 1958.
Jugenderinnerungen Großherzog Friedrichs I. von Baden 1826–1847 (hrsg. von Karl Obser), 1921.
Goldschmidt, R., Geschichte der badischen Verfassungsurkunde 1818–1918, 1919.
Gothein, Eberhard, Die badischen Markgrafen im 16. Jahrhundert (Neujahrsblätter der Badischen Historischen Kommission), 1910.
Gothein, Eberhard (Hrsg., mit anderen), Das Großherzogtum Baden in allgemeiner, wirtschaftlicher und staatlicher Hinsicht dargestellt, (2. Aufl.) 1912.
Das Großherzogthum Baden in geographischer, naturwissenschaftlicher und staatlicher Hinsicht dargestellt. Nebst einem vollständigen Ortsverzeichnis, 1885 (Reprint 1968; vgl. auch Gothein, Das Großherzogtum Baden ...).
Haebler, Rolf Gustav, Badische Geschichte – Die alemannischen und pfälzisch-fränkischen Landschaften am Oberrhein in ihrer politischen, wirtschaftlichen und kulturellen Entwicklung, 1951.
Haebler, Rolf Gustav, Ein Staat wird aufgebaut – Badische Geschichte 1789–1818, 1948.
Heilig, O., Die Ortsnamen des Großherzogtums Baden gemeinfaßlich dargestellt, 1906.
Heimatatlas der Südwestmark Baden (herausgegeben von Karl Gärtner) 1934.
Heinzelmann, Siegfried, Kirche zwischen Mannheim und Konstanz, 2. Aufl. 1965.
Herrmann, Hugo, Kirchengeschichte der zur Erzdiözese Freiburg i. Br. gehörenden Gebiete, 1935.
Herzfeld, Hans, Das Land Baden – Grundlagen und Geschichte, 1948.
Heunisch, A. J. V., Das Großherzogthum Baden, historisch-geographisch-statistisch-topographisch beschrieben (mit Beigaben von J. Bader), 1857.
Heunisch, A. J. V., Der Erdball und seine Völker – Beschreibung des Großherzogthums Baden, 1836.
Heyck, Eduard, Geschichte der Herzoge von Zähringen, 1891.
Hofmann, Karl, Aus badischen Landen – Beiträge zur Heimatgeschichte, o. J. (1917).
Huhn, Eugen, Das Großherzogthum Baden in malerischen Originalansichten..., 1850 (anonym 1842).
Ilgenstein, Wilhelm, und Ilgenstein-Katterfeld, Anna (Hrsg.), Friedrich I. und Friedrich II. – Die letzten Großherzöge von Baden, 1954.
Ilgenstein, Wilhelm, und Ilgenstein-Katterfeld, Anna (Hrsg.), Hilda – Badens letzte Großherzogin, 1953.
Jung, L., Badische Geschichte für Schule und Haus, 1900.
Keyser, E., Badisches Städtebuch (Deutsches Städtebuch IV/2) 1959.
Kienitz, Otto, Landeskunde des Großherzogtums Baden, 1904.
Kienitz, Otto, Landeskunde von Baden, 2. Aufl. 1921.
Kircher, Gerda Franziska, Zähringer Bildnissammlung, 1956.
Klüber, J. L., Der Sponheimische Surrogat- und Successionsstreit zwischen Baiern und Baden, 1828.
Köbele, A. (Hrsg.), Badische Familienkunde, 1958 ff.
Krieger, Albert (Hrsg.), Topographisches Wörterbuch des Großherzogtums Baden, 2. Aufl. 1904–1905.
Die Kunstdenkmäler des Großherzogtums Baden (ab 1933: Die Kunstdenkmäler Badens), 1887 ff.
Kuntzemüller, A., Die badischen Eisenbahnen, 2. Aufl. 1953.
Lacroix, Emil, und Niester, Heinrich, Kunstwanderungen in Baden, 1959.
Lauer, H., Geschichte der katholischen Kirche im Großherzogtum Baden, 1908.
Lautenschlager, Friedrich, Bibliographie der badischen Geschichte, 6 Bde., 1929 ff.
Lewin, A., Geschichte der badischen Juden seit der Regierung Karl Friedrichs, 1909.
Löffler, K., Geschichte des Verkehrs in Baden ... bis 1872, 1910.
Ludwig, Albert, Kurze Geschichte der Evangelischen Kirche im Großherzogtum Baden, 1918 (2. Aufl. unter dem Titel Die Geschichte der evangelischen Kirche in Baden, 1927).
Meckel, Eberhard, Schlösser vom Main zum Bodensee, 1962.
Mein Heimatland. Badische Blätter für Volkskunde, Heimat- und Naturschutz, Denkmalspflege, Familienforschung und Kunst 1–20, 1914–1942 (dann mit Badische Heimat vereinigt).
Mone, Franz Josef, Quellensammlung zur badischen Landesgeschichte, 4 Bände, 1848–1867.
Muckle, Ph., Landeskunde des Großherzogtums Baden, 1914.
Müller, Karl, Geschichte des badischen Weinbaus, 2. Aufl. 1953.
Niester, Heinrich, Burgen und Schlösser in Baden, 1961.
Oeftering, Wilhelm E., Geschichte der Literatur in Baden, 3 Teile, 1930–1939.
Pfaff, Friedrich, Der Minnesang im Lande Baden (Neujahrsblätter der Badischen Historischen Kommission), 1908.
Preuschen, Albert, Badische Geschichte mit steter Beziehung auf die gemeinsame Geschichte der Teutschen, 1842.
Richter, Georg (Hrsg.), Vom Main zum Bodensee – Die Landschaften Badens, 2. Aufl. 1964.
Die Römer in Baden-Württemberg. Herausgegeben von Friedrich Filtzinger, Dieter Planck und Bernhard Cämmerer, 1976.
Sauer, Joseph, Die Anfänge des Christentums und der Kirche in Baden (Neujahrsblätter der Badischen Historischen Kommission), 1911.
Sauer, Paul (Hrsg.), Die Entstehung des Bundeslandes Baden-Württemberg, 1977.
Schefold, Max, Alte Ansichten aus Baden, 2. Bde., 1971.
Schell, E., Die Reichsstädte beim Übergang an Baden, 1929.
Schmid, M., Wirtschaftskunde Badens (neu bearbeitet von L. Schmieder), 1928.
Schneller, Franz (Hrsg.), Schönes Baden, 1964.
Schoepflin, Johannes Daniel, Historia Zaringo-Badensis, 7 Bde., 1763–1766.
Schuster, E., Die Burgen und Schlösser Badens, 1908.
Siebenpunkt, Amadeus, Deutschland deine Badener – Gruppenbild einer verzwickten Familie, 1975.
Stein, Erwin (Hrsg.), Baden – Seine Schönheit, Kultur und Arbeit, 1928.

Stiefvater, Alois, Badische Landsleute, 2. Aufl. 1968.
Sütterlin, Berthold, Geschichte Badens, I Frühzeit u. Mittelalter, 1968.
Universal-Lexikon vom Großherzogthum Baden. Bearbeitet und hrsg. von einer Gesellschaft von Gelehrten und Vaterlandsfreunden. 2. wohlfeile Ausgabe, 1847.
Vehse, Eduard, Süddeutsche Fürstenhöfe, Bd. 2
Weech, Friedrich von, Badische Geschichte, 1890 und 1896.
Weech, Friedrich von, u. Krieger, Albert, Bad. Biographien, 6 T. 1875–1935.
Wielandt, F., Badische Münz- und Geldgeschichte, 1955.

Namenregister

(Auf Historiker sowie nicht namentlich zitierte Schriftsteller wurde verzichtet; vgl. Quellennachweise und Bibliographie.)

Ortsverzeichnis